鈴木庸夫＝田中良弘 編

自治体の実務 1

空き家対策

JN061256

信山社ブックレット

はしがき

「自治体の実務」シリーズの第1弾となる本書では，空き家対策を取り上げます。

自治体の活動は法律や条例に基づいて行われますが，ときに法整備がなされていない新たな問題が生じたり，既存の法制度が想定していなかった問題に直面したりすることは少なくありません。

空き家問題についても，社会問題化した当初は法整備がなされておらず，各自治体が空き家条例を制定するなどして対応を模索していく中で，空家法が制定されました。しかし，同法の施行後も，空き家対策の現場では日々様々な問題が発生し，自治体の担当職員が知恵を絞り工夫をこらして対応しています。そのような観点から，空き家対策は，政策法務プロセスを意識しつつ，自治体の様々な実務を紹介・解説する本シリーズの第1弾にふさわしいテーマであると考えました（政策法務プロセスの意味については，巻末(裏表紙裏)の図および解説を参照してください）。

本書では，第1章で空き家問題の概要等について解説した上で，第2章（基礎編）で空家法を中心に空き家対策の基本的な流れについて，第3章（発展編）で空家法では対応が困難な問題への実務的な対応について紹介します。空き家問題を初めて学ぶ方は第1章から，空き家対策の基本的な流れを知りたい方は第2章から，実務的・発展的な対応について知りたいという方は第3章からお読みください。本書が自治体職員やこれから自治体職員をめざす学生の皆様の参考になれば幸いです。

なお，シリーズの性質上，文中における参考文献の記載は必要最小限にとどめましたが，本書の執筆にあたっては，多くの文献を参考にさせていただきました。空き家対策についてさらに詳しく知りたいという方は，巻末の主要参考文献一覧に記載した各文献をご参照ください。

　信山社の今井貴氏・稲葉文子氏には，シリーズの構想段階から本書の刊行まで大変お世話になりました。また，第2章・第3章の執筆者である相模原市職員の榎本好二氏には，実務を踏まえコンパクトにわかりやすくという編者の無理なオーダーに見事に応えていただきました。厚く御礼申し上げます。空き家対策の実務に関する貴重な情報や写真をご提供いただいた香取市建設水道部都市整備課住宅・街なみ班の職員の皆様，ちば自治体法務研究会のメンバーの皆様にも，この場を借りて感謝申し上げます。

【付記】
　本書は，JSPS科研費18K12625，同19H01414および同19H01438の助成を受けた研究成果の一部です。

　2020年7月

鈴木　庸夫・田中　良弘

◇　執筆分担　◇

田中　良弘　【第1章，第2章(監修/図表)，第3章(同)】
榎本　好二　【第2章(文)，第3章(同)】

目　次

自治体の実務 1

空き家対策

第1章

空き家対策の概要

1. 空き家対策の概要

(1) 空き家問題とは？

　自治体における空き家問題とは，空き家について適正な管理がなされていないことにより，地域社会にとって保安や衛生，景観，防犯などの点で悪影響が生じ，自治体として対応する必要が生じていることをいいます。

　空き家の管理は，本来，当該空き家の所有者の責任で行われるものですが，所有者が管理を怠っていたり，そもそも所有者が存在しなかったりして適正な管理がなされない場合，最終的には自治体が対策を講じる必要が生じます。

　なお，類似する問題として「ごみ屋敷」問題がありますが，一般に「ごみ屋敷」とは人が住んでいるにもかかわらず適正な管理がなされていない建物等をさすため，「空き家」とは区別されます。

　では，「適正な管理がされていない」とは，どのような状態でしょうか。ちば自治体法務研究会から提供していただいた空き家の写真を使って説明します。

Case 1：倒壊や崩落の危険のある空き家

（ちば自治体法務研究会撮影）

　上の写真の空き家は，建物が老朽化して，屋根や壁の一部が崩れ落ちています。このような状態では，いつ建物全体が倒壊してもおかしくありません。その場合，建物が面している道路を通行中の人や車に危険が及ぶことは容易に想像できます。

　2014年に制定された「空家等対策の推進に関する特別措置法」（空家法）は，同法に基づく措置が可能な空き家として4つの類型を挙げていますが（☞p.29【図2-3】），上記のような空き家は，立地によっては「そのまま放置すれば倒壊等著しく保安上危険となるおそれのある状態」に該当し，最終的に，自治体が建物の除却の代執行を行うことが認められています（☞第2章参照）。

Case 2 ：防犯上の問題がある空き家

（ちば自治体法務研究会撮影）

　次に，物理的な危険ではなく，防犯上の問題について説明します。上の写真の空き家は，窓が開いたまま長年にわたり放置されており，誰でも入ることができる状態にあります。このような空き家が存在すると，地域の風紀が悪化するだけでなく，犯罪を誘発することにもなりかねません。このような状態は，建物の立地や周辺の環境等にもよりますが，空家法の定める４つの類型のうち，「その他周辺の生活環境の保全を図るために放置することが不適切である状態」に該当する可能性があります。

　ちなみに，空家法は，一定の場合に自治体が空き家について立入調査をすることを認めており（☞第２章２），上記のような空き家については，空いている扉や窓から建物内に立ち入って調査することも認められています。ただし，鍵を壊したり，業者に解錠を委託したりすることは認められません。

(2) 空き家条例・空家法の制定

　上記のように，空き家が所有者等によって適正に管理されていない場合，地域社会への悪影響を排除するため，自治体として対応する必要が生じます。しかし，空き家について何らかの措置を講じることは，所有者等の権利を侵害することになりかねないことから，法律や条例の根拠が必要になります。

　そのため，1990年代頃から，一部の自治体において空き家に関する条例が制定されていましたが，その動きが加速したきっかけは，2010年に埼玉県所沢市が制定した「所沢市空き家等の適正管理に関する条例」であると言われています。同条例の制定後，多くの自治体が空き家対策のための条例（以下「空き家条例」といいます。）を制定し，2014年までの4年間に，400を超える自治体において空き家条例が制定されました。

　しかし，条例による対応では，所有者の確認（☞第2章1）や立入調査（☞第2章2），空き家の所有者が不明である場合の対応（☞第2章8）などについて課題があったことから，空き家対策のための法律を制定する必要性が認識されようになり，2014年に空家法(空家等対策の推進に関する特別措置法。以下単に「空家法」という。）が制定され，2015年5月に全面施行されました。

　なお，本書では詳細に取り上げることはしませんが，空き家が社会問題化した背景や，各自治体による空き家条例の制定から空家法制定に至るまでの経緯は，非常に興味深いものがあります。これらについては多くの文献が存在しますので，興味のある方はぜひそちらをご参照ください（☞主要参考文献一覧参照）。

(3) 空家法施行後の状況

　空家法施行後の状況については，国土交通省および総務省が定期的に調査を行っている『空家等対策の推進に関する特別措置法の施行状況等について』[1]（以下「施行状況調査」といいます。）および総務省行政評価局が取りまとめた『空き家対策に関する実態調査結果報告書（平成 31 年 1 月)』[2]（以下「実態調査」といいます。）が参考になります。

　施行状況調査によれば，2019年10月 1 日時点において（以下施行状況調査について同じ。)，市町村の取組みによって改善がなされた管理不全の空き家は約 7.7 万物件であり，そのうち，空家法 2 条 2 項の「特定空家等」（☞第 2 章 3 参照）は，7,552 物件でした。さらに，空家法に基づく助言・指導（☞第 2 章 4 ）が行われた後に除却等がなされたのは 5,196 物件であり，市町村の取組みによって改善がなされた空き家の 93 パーセント以上が，行政指導（空家法 14 条に基づく助言・指導や勧告を除く）等によって対応されていることがわかります（空き家対策における行政指導の位置づけについては，☞p.19【図2-1】参照)。また，空家法に基づく行政代執行や略式代執行が実施されたのは計 196 件であり，行政による強制執行に至ったのは，全体の 0.3 パーセント以下，「特定空家等」の中でも約 2.6 パーセントにとどまっています。

---

[1] 国土交通省ウェブサイト（https://www.mlit.go.jp/common/001339 641.pdf 2020年 7 月 1 日閲覧)。

[2] 総務省ウェブサイト（https://www.soumu.go.jp/main_content/000 595230.pdf 2020年 7 月 1 日閲覧)。

　次に，施行状況調査によると，全国 1,741 市区町村のうち，1,091 団体が空家法に基づく空家等対策計画を定め，769 団体が同法所定の法定協議会を設置しています。また，空家法に基づく各種の措置の実施状況は，【表 1-1】のとおりです。

【表 1-1】空家法に基づく措置の延べ実績数

（括弧内の数字は実施団体数）

（年度）	2015	2016	2017	2018	2019 (10/1 時点)	計
助言・指導	2,622 (134)	3,264 (203)	4,018 (267)	4,624 (326)	2,498 (266)	17,026 (550)
勧告	52 (23)	199 (73)	268 (90)	363 (102)	168 (84)	1,050 (232)
命令	4 (3)	17 (16)	44 (29)	41 (19)	25 (21)	131 (70)
行政代執行	1 (1)	10 (10)	12 (12)	18 (14)	9 (8)	50 (41)
略式代執行	8 (8)	27 (23)	40 (33)	49 (44)	22 (21)	146 (105)

（施行状況調査別紙１の２頁の表をもとに筆者作成）

　各市区町村による空家法に基づく各種の措置の実施件数を都道府県別に見た場合，延べ実施件数の合計が多かったのは，北海道，千葉県，新潟県，京都府，兵庫県であり，措置別で最も実施件数が多かったのは，助言・指導（☞第２章４）が北海道（2,018 件），勧告・命令（☞第２章５）が千葉県（各108 件・27 件），行政代執行（☞第２章６）が秋田県と千葉県（５件），略式代執行（☞第２章８）が兵庫県（20 件）でした。

　さらに，実態調査によると，調査対象となった 92 自治体における空き家対策の担当部局は，建設・建築部局が最も多く，以下，環境部局，防災部局，市民部局，総務部局の順であり，各自治体によって，自治体の事務における空き家対策の位置づけが異なっていることがうかがわれます。もっとも，空き家対策は防災や衛生，景観などの様々な公共的問題に対応する必要があるため，6 割を超える自治体において，複数部局で構成される連携の場が設けられています（他部局との連携の必要性について，☞第 2 章 7，第 3 章 3 (2)）。なお，調査対象となった各自治体における空き家対策の担当者は，一部の大規模団体を除き，おおむね 1 人から 3 人であり，その多くが他業務と兼務しているようです。

　本書の第 2 章・第 3 章では，実際の空き家対策の事例をいくつか紹介していますが，実態調査にも，調査対象の自治体における様々な取組みが紹介されていますので，ぜひ参考にしてください。

行政代執行が実施された事例
（左の写真が実施前，右の写真が実施後）

（実態調査結果報告書 176 頁より引用）

２．政策法務の観点から見た空き家対策

　自治体の実務の多くは，地域における様々な公共的問題（社会的課題）を解消するための取組みであり，その実効性を確保するためには，現場において直面する様々な課題を行政基準等の規範にフィードバックすることが不可欠です。

　本章1(2)で紹介したように，空き家対策では，地域における空き家問題に対応するために各自治体が空き家条例を制定したことが契機となって，空家法が制定されました。また，その後も，措置に要した費用負担の問題などの新たな問題が浮上し，現場において様々な工夫がなされています（👉p.95 コラム❿参照）。このように，空き家対策は，自治体における政策法務プロセス[3]を理解する上で非常に有益なテーマでもあるため，以下，政策法務プロセスの観点から，自治体における空き家対策について整理します。

　なお，ここから先は，空き家対策の紹介というよりも空き家対策を題材とした政策法務プロセスの解説ですので，空き家対策そのものについて興味があるという方は，読み飛ばしていただいて構いません。空き家対策の実務については，第2章（基礎編）および第3章（発展編）で詳しく紹介します。

---

[3] 鈴木庸夫の定義によると，「政策法務」とは，自治体法務全体の中で，自治体における政策目的の設定から政策基準の作成，政策実施を経て，それぞれの見直しを行う一連のサイクルをいいます（巻末(裏表紙裏)の解説を参照。）。

２．政策法務の観点から見た空き家対策

【図 1-1】自治体法務の全体像

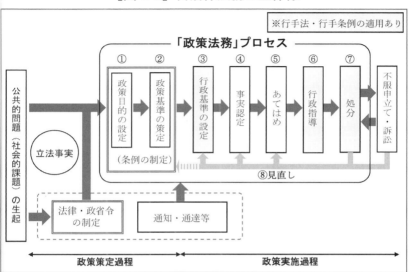

(巻末(裏表紙裏)の「自治体法務の全体像」より引用)

(1) 空き家の社会問題化と空き家条例・空家法の制定

ア　空き家の社会問題化

　　空き家対策を自治体法務全体のプロセスとして見た場合，
1990 年代から 2000 年代にかけて空き家が社会問題化していっ
た過程が，上記の図でいう「公共的問題（社会的課題）の生起」
にあたります。もちろん，それまでも老朽化した空き家は各地
で存在していましたが，それが地域社会の問題であると広く認
識されることにより，自治体が対処すべき新たな公共的問題
（社会的課題）となったということができます。

イ　現場の対応と空き家条例の制定

　除却の代執行のような私人の権利の侵害を伴う対策を実施するには,「法律による行政の原理」から, 法律や条例の根拠が不可欠です。とはいえ, 実際には, 直ちに法律や条例の立法措置が行われるわけではないため, その間, 自治体の現場では, 既に存在する法的枠組みの中で対策に取り組まざるを得ません。空き家対策においても, 空き家条例や空家法が制定される前は, 多くの自治体が【図1-1】の⑥行政指導によって対応してきたと考えられます。実は, 空家法の制定後においても, 本章1(3)で紹介したように, 市町村の取組みによって改善がなされた空き家の大部分が, 行政指導（空家法14条に基づくものを除く）によって対応されています（☞p.25 Case Study❶も参照）。

　しかし, 行政指導等による対応には限界があることから, 前述したように, 2010年の所沢市空き家条例を皮切りに, 2014年までの4年間に 400 を超える自治体において空き家条例が制定されました（この事実からだけでも, 当時の自治体にとって, 空き家問題が喫緊の課題となっていたことがうかがわれます）。このように, 空き家条例は, 自治体の現場が直面していた課題や対応を踏まえて制定されたものであり, それ自体が政策法務プロセスにおける「サイクル」（☞p.11【図1-1】①〜⑧）の一環であったということができます。

ウ　空家法の制定と空き家条例の見直し

　【図1-1】は自治体法務のモデルケースを図にしたものですので, 国と地方との関係では, 図の下側の「法律・政省令の制定」

や「通知・通達等」からは，上向きの矢印しか伸びていません。しかしながら，ときには，条例や現場での対応が，法律・政省令や通知・通達等の制定改廃に影響を与えることがあります。本章１(2)で紹介したように，空家法の制定過程においては，まず各地の自治体において空き家条例が制定され，その後に空家法が制定されており，政策法務プロセス全体（☞【図1-2】①～⑧）が法律の制定に影響を与えています。また，空家法の制定後には，それを受けて空き家条例の改正や新規制定が行われており，政策法務プロセスが国の法律や政省令の制定に影響を与え，さらにそれが政策法務プロセスへ反映されるという，自治体法務全体における「サイクル」を観察することができます。

【図 1-2】自治体法務全体のサイクル

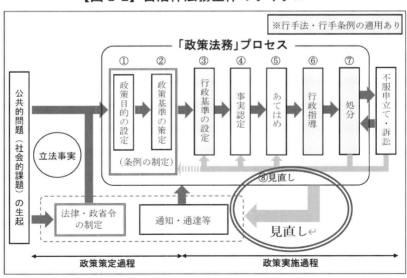

(2) 空家法・空き家条例に基づく対応

　法律や条例によって政策目標や政策基準が明文化されると，次に，実際の運用にあたっての実施基準（行政基準）が設定されます。【図1-1】の①政策目標の設定から②政策基準の策定を経て，③行政基準の設定に至るまでのプロセスがこれに該当します。空き家の場合，例えば，空家法3条2項の「特定空家等」に該当するか否かの判断基準（⤴p.34 参考資料❶参照）が行政基準に該当します。なお，行政基準の設定にあたっては，行政手続法や行政手続条例の適用があるため，留意する必要があります。

　行政基準が設定されると，それに基づいて条例が実施（執行）されます。法律や条例の執行は，個々の具体的な事案に応じて適正に行われなければならないため，正確な事実認定と適切な「あてはめ」が不可欠です。この事実認定や「あてはめ」は，裁判実務において注目されることが多いですが，行政の実務にあたっても，適正に実施される必要があります（事実認定のための客観的資料の収集と「あてはめ」については，⤴第2章2〜3参照）。

　また，実際の運用にあたっては，法律や条例の執行過程において行政指導が行われるのが一般的であり，それによって処分に至る前に問題が解消することも少なくありません（⤴本章1(3)参照）。そのため，【図1-1】では，⑦処分の前に，⑥行政指導が置かれています。ただし，行政指導がこの段階だけに限られるわけではありません（空き家対策における行政指導の位置づけについては，⤴p.19【図2-1】参照）。

　そして，執行過程の最後に処分が行われますが，これについても，実際には公表のように処分に該当しない行為が行われること

もありますし，一つの行為で完結せず，段階的に複数の行為がなされることもあります。空家法 14 条に基づく措置の場合，基本的には，助言・指導（１項），勧告（２項），命令（３項）を経て，最終的に行政代執行（９項）が行われることが予定されています（⤷第２章４～６参照）。

　なお，国や自治体が行う行為のうち，処分性のあるものについては，相手方は不服申立てや取消訴訟等で争うことが可能であり，それによって処分が取り消されたり，裁決や判決を受けて基準や運用が見直されたりすることも，政策法務プロセスの一部を構成します（⤷p.11【図1-1】参照）。空家法14条に基づく措置の場合，命令（３項）や代執行（９/10項）に処分性が認められることや，助言・指導に処分性が認められないことについては特に争いがないと思われます。空家法 14 条２項に基づく勧告については，立法者は処分性がないと考えていたようですが，その後の地方税法の改正を受けて，処分性が認められるとする見解も主張されています（⤷第２章５(1)および p.41 コラム❹参照）。

(3) 空き家条例や運用の見直し

　条例や行政基準を含む行政の運用は，一度定められたら二度と変更されないというものではありません。むしろ，実効性を確保するには，現場の声を踏まえて必要に応じ見直しがなされることが望ましいといえます。これが政策法務の「サイクル」であり，【図1-1】の⑧見直しがこれに該当します。もちろん，場合によっては，法律や政省令，通知・通達が見直されることもあります（⤷p.13【図1-2】参照）。

　空き家対策についても，空家法の制定によりすべての問題が解決したわけではなく，自治体における空き家対策の現場では，今なお様々な課題に直面しています。これを受けて，空家法制定後に条例に基づく緊急安全措置（⤵第3章1）や軽微な措置（⤵第3章2）を導入した自治体もあります。また，空家法14条に基づく代執行が可能な場合であっても，様々な観点から，財産管理制度の活用や滞納処分によるアプローチによって空き家対策を行っている自治体もあります（⤵第3章3）。これらも，空き家対策における政策法務のサイクルであるということができます。

(4) 今後の課題

　以上のように，空き家対策においては，政策法務のサイクルや自治体法務全体のサイクルが一定程度機能しているといえますが，その一方で，措置に要した費用負担の問題など，新たな課題も浮上しています（⤵p.95 コラム❿参照）。これらの問題を抜本的に解決するには，今後も，空家法の改正を含めて自治体法務全体のサイクルが十分に機能するよう，国や自治体が一体となって取り組んでいく必要があります。

　現在は空き家条例で対応している「緊急安全措置」や「軽微な措置」について法律上の根拠を設けるべきか，行政上の強制徴収が認められていない略式代執行に要した費用について空家法に規定を設けるべきかなど，自治体の現場が直面している様々な問題について，空家法の改正も選択肢に入れつつ，幅広い議論がなされるべきであると思います（⤵p.17 コラム❶も参照）。

コラム❶ 命令違反と過料

　空家法は，それまでの空き家問題への対応や，各自治体の空き家条例を踏まえて制定されたこともあり，比較的機能している法律であると思われますが（☞ p.8【表1-1】参照），その一方で，機能しているとはいえない条文も存在します。

　空家法16条1項は，同法14条3項の規定による市町村長の命令に違反した者について，50万円以下の過料に処すると規定しています。これは，命令違反に対して行政罰の一種である過料を定めることにより，間接的に義務履行確保を図るものと位置づけられますが，実態調査によれば，調査対象の自治体において命令違反に対し過料を徴収した実績のある自治体はみられなかったようです。本章1(3)でも触れたように，実態調査の対象となった自治体においては，空家法14条に基づく各種の措置についてかなりの実施があり，また，条例に基づく緊急安全措置や軽微な措置のほか，民事上の財産管理制度の活用事例についても報告がなされています。これらの措置と比べると，現在のところ，空家法16条1項の過料の規定は機能していないといわざるを得ません。

　過料が機能しない理由について，実態調査では，改善措置を行えないような所有者等から過料を徴収することは困難ではないか，過料を徴収すると結果的に行政代執行の費用回収ができなくなるのではないか，といった自治体の声が紹介されています。行政罰についても，このような現場の声を反映し，より実効性の高い制度を検討することが求められます。

第2章

自治体における空き家対策の実務
― 基礎編 ―

　自治体における空き家対策の基本的な流れは，①所有者の確認⇨②立入調査⇨③「特定空家」の認定⇨④助言・指導⇨⑤勧告，命令⇨⑥行政代執行⇨⑦費用の徴収となります。また，実務上は，それぞれの段階において，行政指導によって問題が解消することも少なくありません。以下，順に紹介します。

【図2-1】空き家対策の基本的な流れ

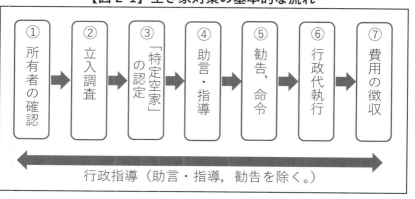

① 所有者の確認　→　② 立入調査　→　③ 「特定空家」の認定　→　④ 助言・指導　→　⑤ 勧告，命令　→　⑥ 行政代執行　→　⑦ 費用の徴収

行政指導（助言・指導，勧告を除く。）

１．所有者の確認

　空き家対策の第一歩は，所有者（管理者を含む。以下同じ。）の確認です。問題となっている空き家とその敷地（以下まとめて「空き家」といいます。）の所有者が誰なのかを確認し，現在どこに住んでいるのかを特定しなければ，所有者に対して必要な通知を送るなどの実務的な作業を進めることができないからです。

　2014年に「空家等対策の推進に関する特別措置法」（以下「空家法」といいます。）が制定され，所有者の確認や居住場所の調査は，かなりやりやすくなったと思います。具体的には，空家法9条1項，10条各項の規定により，固定資産税の情報を含め，様々な情報の利用が可能となったためです。

空家等対策の推進に関する特別措置法（空家法）

　9条1項　市町村長は，当該市町村の区域内にある空家等の所在及び当該空家等の所有者等を把握するための調査その他空家等に関しこの法律の施行のために必要な調査を行うことができる。

10条1項　市町村長は，固定資産税の課税その他の事務のために利用する目的で保有する情報であって氏名その他の空家等の所有者等に関するものについては，この法律の施行のために必要な限度において，その保有に当たって特定された利用の目的以外の目的のために内部で利用することができる。

　2項　（略）

　3項　……市町村長は，この法律の施行のために必要があるときは，関係する地方公共団体の長その他の者に対して，空家等の所有者等の把握に関し必要な情報の提供を求めることができる。

【図 2-2】所有者の確認および居住所の調査

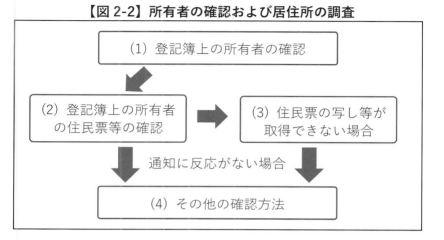

(1) 登記簿上の所有者の確認

(2) 登記簿上の所有者の住民票等の確認

(3) 住民票の写し等が取得できない場合

通知に反応がない場合

(4) その他の確認方法

　所有者の確認および居住所の調査は，【図2-2】のような流れで実施されるのが標準的だと思います。以下，説明します。

(1) 登記簿上の所有者の確認

　まず，登記簿上の所有者が誰かを確認するため，対象となる空き家の登記簿謄本を取ります。これは，空家法９条１項の規定により，公用請求が可能です。

　登記簿謄本には，登記簿上の所有者の氏名や住所が記載されています。しかし，所有者の住所が変わったり，相続や売買によって所有者が変わったりしていても，変更登記がされない場合があります。現時点では，これらの変更は法律上の義務とはなっておらず，また，所有権移転登記には不動産価値に応じた登録免許税が必要となることや，登記手続が素人にはかなり煩雑であるといった理由から，登記簿の内容が古い情報のまま放置されているこ

とが少なくないからです。

　そこで，次に，登記簿謄本に記載された情報が正確なものかを確認する作業が必要になります。

（2）登記簿上の所有者の住民票等の確認

　登記簿上の所有者が判明したら，次に，所有者の住民票や戸籍謄本を確認します。

　まず，登記簿謄本の情報をもとに所有者の住民票の写しを公用請求します。これにより有効な住民登録が確認できれば，空き家の周辺住民が迷惑している事実や，空家法に基づく助言等を通知することができます（この通知が不着となった場合や，到達しても反応がない場合の対応については(4)で後述します。）。

　次に，この段階で，登記簿上の所有者が①登記簿上の住所から転出していたり，②すでに死亡していたりすることが判明することがあります。

　①所有者が登記簿上の住所から転出している場合，現在の住所を把握するため，住民票に記載された本籍地の自治体に対して，戸籍の附票を公用請求します。戸籍の附票は，住民基本台帳法に基づき本籍地の自治体が管理しなければならないもので，国内であれば，どこへ転出しても転出先の自治体から本籍地の自治体にあてて最新の情報が送られます。これにより，転居や転出を繰り返し行っていても，住民票の異動が行われていれば，所有者の現在の住所を把握することができます。この際，同時に戸籍謄本の公用請求を行い，生存が確認できれば，届出上は，住民票や戸籍の附票に記載された住所に居住しているということになります。

　②登記簿上の所有者の死亡が判明した場合は，相続の状況を確認します。戸籍謄本により，登記簿上の所有者の相続人を特定することができますので，今度は，相続人の生存や住所について，上記①と同じ方法で調査します。また，この段階でなくともよいですが，登記簿上の所有者（被相続人）の最後の住所地を管轄する家庭裁判所に「相続放棄の申述書」の提出の有無を確認しておくことも必要です。相続人がいても，相続放棄がされていることがあり，相続人全員が相続放棄をしている場合には，その後の対応が変わってくるからです。この対応方法については，次章で詳しく紹介します（☞第3章3(1)「財産管理制度の活用」）。

(3) 住民票の写し等が取得できない場合

　住民票の写し等を公用請求しても，その取得ができない場合があります。現在の住民票等の除票の保存期間は 150 年間ですが，令和元年6月までは5年間でしたので，平成 26 年6月以前に除票されたものについては，廃棄されていることがあるからです。

　このような場合，空家法 10 条1項に規定されている固定資産税情報の取得を行います。この固定資産税情報は，空家法の規定によって地方税法上の守秘義務が解除されたため，空き家の所有者の調査に利用できるようになりました。固定資産税は，その年の1月1日時点の所有者に賦課されるもので，所有者の住所が他の自治体にあっても管理されています。そのため，固定資産税が納税されていれば，納付者が誰で，どこに住んでいるのかといった情報は，ほとんどの場合に取得することができます。

　ただし，この場合に注意しなければならないのは，固定資産税

の納付者が所有者であるとは限らないということです。筆者の経験でも，所有者が長期間にわたって海外に渡航しているため親族が納税管理人となって固定資産税を納付していた事例や，所有者が長期入院してしまったため家族が代わって納付している事例などがありました。

　そこで，固定資産税の納付者が登記簿上の所有者と同一人であるかを確認し，そうでない場合は，納税管理人や事実上の納付者に対して空き家の現状や対策の必要性などの事情を説明し，所有者に関する情報を教えてもらう必要があります。

　なお，固定資産税情報の利用については，こうした手順をとる前に，固定資産課税台帳上の納税者情報が，登記簿と同一であるかどうかを突き合わせることも可能ですので，調査の進み具合に応じて臨機応変に対応することが望ましいといえるでしょう。

(4) その他の確認方法

　上記(1)〜(3)の方法で突き止めた住所に通知を送っても，実際には所有者がその住所に住んでおらず，通知が配達されずに戻ってくるケースがあります。また，配達されても様々な理由から通知がポストに入ったままというケースや，所有者が通知を深刻に考えず，あるいは，あえて無視するケースもあります。このようなケースでは，郵便物が宛先人不明で戻ってくることもないため，いくら通知をしても音沙汰なしということになります。

　このような場合，最も確実なのは，実際にその場所に行ってみることです。住所地があまりにも遠方の場合は難しいですが，筆者も，実際に所有者の住所地を訪問することで解決につながった

経験があります（☞Case Study❶）。この事例は，かなり運がいい
ケースだったと思いますが，ダメでもともと，というくらいの気
持ちでやってみることも必要だと思います。

Case Study❶ 行政指導によって解決した事例（その1）

　筆者の扱った事例として，所有者が住所地に現住しているこ
とが書類上からは確認できたのに，何回か通知を送っても全く
反応がないことがありました。

　幸い所有者の住所地が隣の県であり，別の用務でその近くに
出張する機会があったため，住所地を訪問してみたのです。す
ると，所有者の自宅は大変立派で，駐車場には外国製高級車が
2台も停まっており，資金難が理由で空き家を放置しているケー
スではないことが一目瞭然でした。筆者が訪問の理由を告げ
たところ，所有者自身は不在でしたが，家族の方と話をするこ
とができました。

　そのときは，所有者の家族の方に空き家の現況を説明しても
あまり反応はよくありませんでしたが，空き家の写真などを渡
して改善を依頼したところ，それから数か月後に，問題の空き
家は取り壊されて駐車場になっていました。

　次に，遠方などの理由で，実際に現地に行けない場合の方法と
して，所有者が住民登録を行った際に申請書に記入した電話番号
などを調査する方法もあります。自治体によっては，申請書に電
話番号を記入しなくてもよい場合もありますが，確認してみる価
値はあります。

　そのほかにも，高齢の所有者が住民票を移さずに家族の家に引き取られているケースや，介護施設などに入所しているケースがあります。このようなケースでは，所有者の住所地を訪問してもほとんど何もわからないことも少なくありません。その場合，介護保険や健康保険の報酬請求や保険料納付に関する情報を調査してみることが有効です。空き家の所有者が高齢者である場合，これらの公的制度は生活していくうえで欠かせないものであり，制度を利用している確率が高いため，所有者の現況に関する情報が得られる可能性があるからです。

コラム❷　所有者訪問の悩み

　前ページで所有者訪問が解決につながった事例を紹介しましたが（☞Case Study❶），実際は難しい問題もあります。

　普通の人なら仕事中であるはずの平日の日中に，見知らぬ人が突然訪ねて来るわけですから，先方からすれば怪しいことこの上ない状態といってよいでしょう。もちろん「市役所の職員です」と名乗るのですが，このご時世では簡単に信じてくれないほうが一般的です。

　先の事例では，事前に何度か手紙を送っていたこともあって少しは信用してくれたのか話を聞いてもらえましたが，最後までドアは開けてくれず，インターホン越しの会話でした。そのときは他の用務の関係もあり男性職員2人で訪問したのですが，こうしたケースでは，女性職員とペアで訪問したほうが警戒されることが少ないかもしれません。

２．立入調査

　空き家対策を行う上で，対象となる空き家がどのような状態なのかを把握することはとても重要です。

　空家法14条に基づく具体的な措置をとるには，対象となる空き家が「特定空家」（空家法２条２項。なお，条文上は「特定空家等」ですが，本章および第３章では，敷地も含めて「特定空家」と記述します。）であることが要件となります。また，空き家の所有者の中には，現在の空き家の状態を知らない人も多く，空家法14条１項の助言・指導を行って改善を求めるには，現場の写真などを用いて現在の状態を知ってもらう必要があります。そのため，問題となっている空き家の現状について調査を行います。

空家等対策の推進に関する特別措置法（空家法）

　２条１項　この法律において「空家等」とは，建築物又はこれに附属する工作物であって居住その他の使用がなされていないことが常態であるもの及びその敷地（立木その他の土地に定着する物を含む。）をいう。ただし，国又は地方公共団体が所有し，又は管理するものを除く。

　　２項　この法律において「特定空家等」とは，そのまま放置すれば倒壊等著しく保安上危険となるおそれのある状態又は著しく衛生上有害となるおそれのある状態，適切な管理が行われていないことにより著しく景観を損なっている状態その他周辺の生活環境の保全を図るために放置することが不適切である状態にあると認められる空家等をいう。

　この調査は，空き家の現状を把握し，「特定空家」に認定する必要があるかどうかを判断するために行うものです。空家法9条2項以下の規定により所有者等の承諾がなくても立入調査をすることが認められていますので，道路側からは見えない建物の裏側や裏庭の状況などを含め，空き家全体の状態を確認することができます。なお，建物内に入ることも可能とされていますが，鍵を壊すなどの物理的な強制力を用いることはできません。

空家等対策の推進に関する特別措置法（空家法）

　9条2項　市町村長は，第14条第1項から第3項までの規定の施行に必要な限度において，当該職員又はその委任した者に，空家等と認められる場所に立ち入って調査をさせることができる。

　3項　市町村長は，前項の規定により当該職員又はその委任した者を空家等と認められる場所に立ち入らせようとするときは，その5日前までに，当該空家等の所有者等にその旨を通知しなければならない。ただし，当該所有者等に対し通知することが困難であるときは，この限りでない。

　4項　第2項の規定により空家等と認められる場所に立ち入ろうとする者は，その身分を示す証明書を携帯し，関係者の請求があったときは，これを提示しなければならない。

　実際の立入調査では，上記の目的を踏まえ，どのような点を確認すべきかをあらかじめ整理しておき，必要なポイントを漏らさず調査することが求められます。すなわち，「特定空家」であると認定するには，空家法2条2項所定の要件（☞p.29【図2-3】）を満たす必要がありますので，それを念頭に，対象となる空き家の客観的な状況を確認することが必要です。

【図 2-3】「特定空家」の要件

①	そのまま放置すれば倒壊等著しく保安上危険となるおそれのある状態
②	そのまま放置すれば著しく衛生上有害となるおそれのある状態
③	適切な管理が行われていないことにより著しく景観を損なっている状態
④	その他周辺の生活環境の保全を図るために放置することが不適切である状態

①～④のうち少なくとも一つを満たすことが必要

（空家法２条２項参照）

　具体的にどのような状態が上記の要件を満たすかについては，国土交通省作成の「『特定空家等に対する措置』に関する適切な実施を図るために必要な指針（ガイドライン）」[4]が参考になります。このガイドラインは，「特定空家」の要件について，具体例を挙げて説明しています。例えば，条文上もっとも抽象的な上記④については，「立木の枝等が近隣の道路等にはみ出し，歩行者等の通行を妨げている」，「動物の鳴き声その他の音が頻繁に発生し，地域住民の日常生活に支障を及ぼしている」，「門扉が施錠されていない，窓ガラスが割れている等不特定の者が容易に侵入できる状態で放置されている」などの状態が例示されています。

---

[4] 国土交通省ウェブサイト（https://www.mlit.go.jp/common/001090531.pdf　2020 年 7 月 1 日閲覧）。

　次に，実際の立入検査では，上記のポイントを確認した上で，立入検査の結果から「特定空家」であることを認定できるよう，写真等によって客観的に記録しておくことが重要です。

(1)「特定空家」の要件そのものを記録することが難しい場合

　建物の外観や雑草・樹木の繁茂などは写真を撮ることで比較的簡単に記録を残すことができますし，動物の鳴き声なども録音することで状況そのものを記録することが可能ですが，臭気などは写真等で残すことが難しいため，記録を残す際は工夫が必要です。筆者の経験では，誰かが餌を与えていたらしく，猫が住み着いていて臭気が著しい空き家の事例がありました。このときは，臭いについて具体的な報告書を作成するとともに，ペットフードの食べ残しや空き缶が大量に散乱している様子を写真に撮影し，客観的な裏付けを残しておきました。このように，「特定空家」の要件そのものを写真や録音で客観的に記録することが難しい場合でも，裏付けとなる状況を残しておけば説得力が増しますので，このような工夫は，担当者として大切なことだと思います。

(2) 周辺の状況

　「特定空家」に該当するか否かの判断にあたっては，対象となる空き家の建物や敷地だけでなく，周辺の状況も重要な要素です。例えば，同じ傷み具合の空き家であっても，通学路や交通量の多い道路に面している場合は，そうでない場合と比べ，倒壊や部材の落下などによって被害が発生する確率が高まるため，「特定空家」の要件を満たす可能性は高いですし，また，「特定空家」と認定す

る必要性も高いといえます。そのため，立入調査では，対象となる空き家の具体的な危険性を把握するため，周辺の情報についても把握しておくことが必要です。

（3）調査の時期

　上記のように，「特定空家」に該当するかどうかは，対象となる空き家だけでなく，周辺の状況によって異なります。それに加えて，空き家の状態は，季節によって大きく変わることがあることも，担当者として覚えておかなければなりません。特に，夏と冬とでは，雑草の状態や，ごみの臭いなどが大きく異なります。筆者の経験でも，冬には問題ないと思われた空き家であっても，夏には家の壁いちめんにツタが生い茂り，見るからに不安を覚える状態だった事例がありました。このように，特定の時期だけでは適切な判断できないこともある，ということを知っておくことも，立入調査を行う上では重要です。

筆者撮影（同一家屋の冬(左)と夏(右)の写真）

3.「特定空家」の認定

　空家法14条に基づく措置を講じるには，対象の空き家が「特定空家」であることが必要です。この認定にあたっては，先ほど紹介した国土交通省が作成したガイドラインが参考になりますが，実際にどの程度の状態を「特定空家」と判断するかについては特に定められておりません。空家法の立法担当者による解説によると，個別具体的な判断については各自治体の状況を踏まえて合理的に判断することとされており，最終的な認定は各自治体の判断に委ねられています。そのため，運用にあたっては，担当者が変わっても同じ基準で判断できるよう，判断基準（☞p.34 参考資料❶参照）やマニュアルなどを整備しておくべきでしょう。

空家等対策の推進に関する特別措置法（空家法）

14条1項　市町村長は，特定空家等の所有者等に対し，当該特定空家等に関し，除却，修繕，立木竹の伐採その他周辺の生活環境の保全を図るために必要な措置……をとるよう助言又は指導をすることができる。

（注：下線は筆者が付した）

　「特定空家」に認定するということは，対象の空き家が周辺に悪影響を及ぼしていることを公式に認定したことになり，最終的に，対象となる空き家について代執行（空家法14条9項/10項）が行われる可能性があることを意味します。また，代執行に至らない場合であっても，空家法14条2項の規定に基づく勧告が行われた場合，空き家の敷地について「住宅用地に対する固定資産税

の課税標準の特例」の適用を受けられなくなりますし（⇨本章5
(1))，また，勧告の後に予定されている命令（同条3項）に従わな
い場合，50万円以下の過料に処せられることがあるなど，空き家
の所有者にとって金銭的な不利益が生じます。

　このように，「特定空家」の認定がなされることは，空き家の所
有者にとって大きな影響があり，後の紛争を防止するためにも，
「特定空家」と認定した根拠について客観的に説明ができるよう
にしておくことが重要です。また，担当者によって恣意的な判断
がされたという疑念を抱かれないよう，「特定空家」を認定する際
の基準や手続についても明確にしておく必要があります。具体的
には，空家法7条に規定されている協議会において専門家の意見
を聞くなどのプロセスを経て判断をするといった手順を定めてお
くことが望ましいといえます。ただし，空家法に定められた協議
会は，メンバーに市町村長を含むことが必須とされていることも
あり，実務上，協議会を頻繁に開催することは困難です。そこで，
迅速な判断を行うために，例えば専門家を含む協議会の下部組織
を設けておき，個々の具体的な判断はそこで行った上で，協議会
に報告し承認を求めるといった運用上の工夫も求められます。

空家等対策の推進に関する特別措置法（空家法）

7条1項　市町村は，空家等対策計画の作成及び変更並びに実施に関
　　する協議を行うための協議会……を組織することができる。
　2項　協議会は，市町村長（特別区の区長を含む。以下同じ。）のほ
　　か，……市町村長が必要と認める者をもって構成する。

参考資料❶：自治体における「特定空家」の判断基準（抜粋） [5]

①そのまま放置すれば倒壊等著しく保安上危険となるおそれのある状態

状態	状態区分	状態の例
建築物が倒壊等するおそれがある。	建築物の著しい傾斜	○部材の破損や不同沈下等，建築物に著しい傾斜がみられる。

②そのまま放置すれば著しく衛生上有害となるおそれのある状態

状態	状態の例
ごみ等の放置又は不法投棄等が原因で，地域住民の日常生活に支障を及ぼすおそれがある。	○ごみ等の放置，不法投棄等による臭気の発生がある。 ○ごみ等の放置，不法投棄等により，多数のねずみ，はえ，蚊等が発生している。

③適切な管理が行われていないことにより著しく景観を損なっている状態

状態	状態の例
周囲の景観と著しく不調和な状態にある。	○敷地内にごみ等が散乱，山積したまま放置されている。

④その他周辺の生活環境の保全を図るために放置することが不適切である状態

状態	状態の例
立木が原因で，地域住民の日常生活に支障を及ぼすおそれがある。	○立木の枝等が近隣の道路等にはみ出し，歩行者や車両等の通行を妨げている。
空家等に住みついた動物等が原因で，地域住民の日常生活に支障又は生活環境に悪影響を及ぼすおそれがある。	○動物の鳴き声その他の音が頻繁に発生している。 ○動物のふん尿その他の汚物の放置による臭気が発生している。 ○シロアリが大量に発生し，近隣の家屋に飛来している。

---

[5] 相模原市「特定空家の判断基準（平成 28 年 11 月）」（https://www.city.sagamihara.kanagawa.jp/_res/projects/default_project/_page_/001/007/962/akiya_kijun.pdf 2020 年 7 月 1 日閲覧）より抜粋。

４．助言・指導等

（1）空家法 14 条 1 項の「助言・指導」

> ### 空家等対策の推進に関する特別措置法（空家法）
>
> 14条1項　市町村長は，特定空家等の所有者等に対し，当該特定空家
> 　　　　　等に関し，除却，修繕，立木竹の伐採その他周辺の生活環境の保
> 　　　　　全を図るために必要な措置（そのまま放置すれば倒壊等著しく保
> 　　　　　安上危険となるおそれのある状態又は著しく衛生上有害となるお
> 　　　　　それのある状態にない特定空家等については，建築物の除却を除
> 　　　　　く。次項において同じ。）をとるよう助言又は指導をすることが
> 　　　　　できる。

　空家法には，最終的に代執行（同法 14 条 9 項/10 項）という強制執行の手段が用意されています。しかし，代執行は，あくまで最後の手段であり，所有者が自ら必要な措置をとることが本人にとっても自治体にとっても望ましいことはいうまでもありません。そこで，空家法は，原則として，他の手段に先立ち，所有者に対して必要な措置をとるよう助言または指導することとしています（空家法 14 条 1 項は「助言又は指導をすることができる」と規定していますが，同条 2 項以下で「助言又は指導」が勧告（2 項）や命令（3 項），行政代執行（9 項）の前提とされているため，略式代執行（10 項）の場合を除き，助言・指導を省略して他の手段をとることはできません。）。

　この助言・指導は，所有者に対して任意の協力を求めるものですので行政指導に該当しますが，その後の勧告，命令および行政

代執行の前提となるため，空家法によって一定の制限が付されています。まず，空家法 14 条 1 項に基づく助言・指導は，「特定空家」に対してしか行うことはできません。また，「特定空家」の要件（☞p.29【図 2-3】）のうち，①そのまま放置すれば倒壊等著しく保安上危険となるおそれのある状態または②そのまま放置すれば著しく衛生上有害となるおそれのある状態のいずれにも該当しない場合，建築物の除却をするよう助言・指導することはできません（空家法 14 条 1 項かっこ書）。

(2) その他の行政指導

　上記の制限は，空家法 14 条 1 項所定の「助言又は指導」について付されているものですので，空き家に関する行政指導それ自体が空家法によって制限されているわけではありません。例えば，本章 1 で紹介した事例（☞p.25 Case Study❶）では，所有者の確認の段階で，登記簿上の所有者に改善を依頼したところ，対象の空き家が取り壊され，「特定空家」と認定するまでもなく問題が解決しています。また，空家法 14 条 1 項の助言・指導としては建物の除却を求めることができない場合であっても，所有者と改善方法について協議する中で，行政指導として建物の除却という方法を提案すること自体が禁止されているわけではありません。

　このように，実際は，空き家対策のすべての段階において，実務上，行政指導が重要な役割を果たしています（☞p.19【図 2-1】参照）。なお，空き家対策において各自治体が行う行政指導（空家法 14 条 1 項の助言・指導を含む）については，各自治体の定める行政手続条例に従う必要があります。

（3）行政指導（指導・助言を含む）のポイント

　空き家対策における行政指導で最も重要なポイントは，相手方に改善の必要性についてしっかりと認識してもらうことです。行政に相談が持ち込まれる案件の中には，所有者が空き家の状態を知らない，あるいは知っていても危険性や近隣住民への迷惑について軽く考えている，ということがしばしばあります。そこで，所有者に協力を求めるにあたり，空き家の状況や危険性等について，写真などを用いて客観的に伝えることが重要です。

　また，一般の人は，建物の除却や大規模な修繕をした経験がないことも多く，改善が必要であることを認識しても，何をすればよいか具体的なイメージが湧かず，なかなか改善に着手できないことがあります。このような場合，所有者に対してどうすればよいか具体的な案を示して対応を促すことで，問題が解決することがあります（☞Case Study❷）。

Case Study❷ 行政指導によって解決した事例（その2）

　筆者の扱った事例で，空き家のアンテナや屋根のスレートが破損して周囲に落下し，隣家の住民から相談が寄せられたことがありました。所有者に空き家の写真と近隣の状況を説明する文書を送付して改善を依頼したところ，所有者から，相続によって取得したが，土地鑑(勘)がなく業者も知らないため，どう対応したらよいか分からないという連絡がありました。

　そこで，市内の業者を何社か紹介し，修繕の見積りを取ってはどうかと促したところ，しばらくして所有者が業者に修繕を依頼し，危険な状態は解消されました。

コラム❸ 行政指導による対応と改善状況の確認

　上記のように，空き家対策において行政指導は実務上重要な役割を担っていますが，あくまで相手方に任意の協力を求めるものであるため，改善状況を確認するにあたっても，その点に留意する必要があります。特に，「特定空家」に該当しないケースで行政指導を行った場合，空家法上の助言・指導と異なり，その後の措置が予定されていないため，事後的に対応状況を確認するための工夫が必要になります。

　空家法施行前の筆者の失敗談ですが，近隣住民から木造の空き家にシロアリが発生しているという相談があったため，行政指導により所有者に駆除を依頼したことがありました。所有者は快く行政指導に応じてくれましたが，しばらくして近隣住民から対応状況について問い合わせがあったため，所有者に確認の連絡をしたところ，「なぜしつこく連絡してくるのか」と非常に怒られてしまいました。所有者からすれば，とっくに対応済みであるのに蒸し返されたようで気分が悪くなるのも当然ですので，近隣住民から問い合わせがあるまで対応状況の確認を怠っていたことが失敗の原因だったと思います。

　空き家問題は近隣住民にとって深刻な問題であり，特に住民からの相談によって認知したような場合は，事後的に改善状況を伝えて不安を解消することも大切な業務です。上記の失敗を機に，所有者に改善を依頼する際，あらかじめ結果報告のための書式を手渡して報告を依頼することにしました。

5．勧告，命令

　「特定空家」について助言や指導を繰り返し行っても，所有者が対応しない場合，勧告や命令を行うことになります。これらは，空家法 14 条の措置としては行政代執行（同条 9 項）の前段階と位置づけられますが，勧告や命令を受けた段階で，法律上，所有者に一定の不利益が生じるため（☞後述(1)(3)参照），勧告や命令を行うにあたっては，慎重な手続をとることが求められます。

【図 2-4】勧告，命令に関する手続の流れ（空家法 14 条）

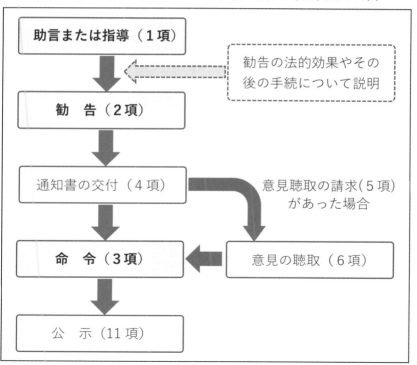

（1）勧告

> ### 空家等対策の推進に関する特別措置法（空家法）
>
> 14条2項　市町村長は，前項の規定による助言又は指導をした場合において，なお当該特定空家等の状態が改善されないと認めるときは，当該助言又は指導を受けた者に対し，相当の猶予期限を付けて，除却，修繕，立木竹の伐採その他周辺の生活環境の保全を図るために必要な措置をとることを勧告することができる。

　空家法14条2項の勧告の法的性質は，同条1項の助言・指導と同じく行政指導であると説明されており，実務上もそれを前提にしているのが一般的だと思われます。

　ただし，空家法の制定後に地方税法が改正され，空家法14条2項の規定に基づく勧告が行われた場合，空き家の敷地について「住宅用地に対する固定資産税の課税標準の特例」の適用を受けることができなくなったため（地方税法349条の3の2），勧告の対象となった「特定空家」については，敷地の固定資産税が4倍以上に上がることになります[6]。

　このように，空家法14条2項の勧告は，その段階で所有者に一定の不利益が生じますし，その後に命令や行政代執行が予定されていることからも，勧告を行う際は，その必要性や内容について

---

[6] 200平米以下の敷地の場合，住宅用地特例を受けると課税標準が6分の1になりますが，この特例が受けられなくなっても，別の措置（商業地等に係る固定資産税等の負担調整措置）により30%減額されるため，勧告後の税額は，おおむね$6 \times 0.7 = 4.2$倍となります。

慎重に判断するとともに，相手方に対し勧告の法的効果やその後の手続の流れについて丁寧に説明することが望ましいといえます（☞コラム❹）。

コラム❹ 勧告は行政処分に該当するか？

　行政処分とは，「公権力の主体たる国又は公共団体が行う行為のうち，その行為によって，直接国民の権利義務を形成し又はその範囲を確定することが法律上認められているもの」だとするのが判例の立場です。したがって，ある法律の上では行政指導や通知と位置づけられている行為であっても，他の法令を含む法的仕組み全体の中で権利義務の変動が予定されている場合には，当該行為は行政処分に該当すると考えられ，実際に，勧告や通知について処分性を認めた判例も存在します（最判平成 17 年 7 月 15 日，最判平成 24 年 2 月 3 日）。

　このように，勧告であるからといって，直ちに行政処分にあたらないということはできません。本文中に記載したように，空家法上の勧告がなされれば所有者に法律上の不利益が生じることから，訴訟になった場合に裁判所が行政処分に該当すると判断する可能性は否定できないと思われます。

　そのため，法的リスク管理の観点から，空家法 14 条 2 項の勧告についても，不利益処分と同様に，弁明の機会の付与（行政手続法 13 条 1 項 2 号）や，審査請求・取消訴訟ができることの教示（行政不服審査法 82 条，行政事件訴訟法 46 条）をしたほうがよいのではないかと指摘する見解もあります。

　勧告の方法については，内容を明確にする観点から書面で行い，かつ，郵送で交付する場合，「受け取っていない」「受け取ったが中身は見ていない」などといった不毛な争いを避けるため，配達証明付き内容証明郵便で送付するべきだと思います。

　次に，勧告書に記載する内容については，前述した国土交通省作成のガイドラインに記載例が掲載されています（⤷p.43 参考資料❷）。ここでは，正当な理由なく勧告に係る措置をとらなかった場合は空家法 14 条 3 項に基づき命令をすることがあることや，勧告によって住宅用地特例の対象から除外されることとなることが明記されています。また，勧告書に記載する措置の内容は，その後の命令や行政代執行の前提となるため，周辺の生活環境の保全を図ることができる内容であることが求められます。そのような効果が見込めるよう，勧告に係る措置の内容については，勧告の前の助言・指導の段階から十分に検討しておく必要があります。

コラム❺ 課税部門との連携

　本文中に記載したように，空家法 14 条 2 項の勧告がなされると，地方税法 349 条の 3 の 2 に基づき，当該空き家を住宅用地特例の対象から除外して固定資産税を算出しなければなりません。また，その後に勧告が撤回された場合，あらためて住宅用地特例を適用して固定資産税を算出し直す必要が生じます。

　そのため，勧告を行う際は，事前に課税部門に連絡し，その後の撤回の可能性も含めてあらかじめ協議しておく必要があります（⤷p.90 発展❹も参照）。

参考資料❷：勧告書の記載例

〔参考様式２ ： 第14条第２項 勧告書〕

平成○年○月○日
○○第○○号

○○市○○町○丁目○番地○号
　　　○○　○○　殿

○○市長
○○　○○　印
（担当　○○部○○課）

勧　告　書

　貴殿の所有する下記空家等は、空家等対策の推進に関する特別措置法（平成２６年法律第１２７号。以下「法」という。）第２条第２項に定める「特定空家等」に該当すると認められたため、貴殿に対して対策を講じるように指導してきたところでありますが、現在に至っても改善がなされていません。
　ついては、下記のとおり速やかに周辺の生活環境の保全を図るために必要な措置をとるよう、法第１４条第２項の規定に基づき勧告します。

記

１．対象となる特定空家等
　　所在地　　　　　○○市××町×丁目×番地×号
　　用　途　　　　　住宅
　　所有者の住所及び氏名
　　　　　　　　　　○○市○○町○丁目○番地○号　　○○　○○

２．勧告に係る措置の内容
　　（何をどのようにするのか、具体的に記載）

３．勧告に至った事由
　　（特定空家等がどのような状態にあって、どのような悪影響をもたらしているか、当該状態が、
　　①そのまま放置すれば倒壊等著しく保安上危険となるおそれのある状態
　　②そのまま放置すれば著しく衛生上有害となるおそれのある状態
　　③適切な管理が行われていないことにより著しく景観を損なっている状態
　　④その他周辺の生活環境の保全を図るために放置することが不適切である状態
　　のいずれに該当するか具体的に記載）

４．勧告の責任者　　○○市○○部○○課長　　○○　○○
　　　　　　　　　　連絡先：○○○○－○○－○○○○

５．措置の期限　　　平成○年○月○日

・ 上記５の期限までに上記２に示す措置を実施した場合は、遅滞なく上記４に示す者まで報告をすること。
・ 上記５の期限までに正当な理由がなくて上記２に示す措置をとらなかった場合は、法第１４条第３項の規定に基づき、当該措置をとることを命ずることがあります。
・ 上記１に係る敷地が、地方税法（昭和２５年法律第２２６号）第３４９条の３の２又は同法第７０２条の３の規定に基づき、住宅用地に対する固定資産税又は都市計画税の課税標準の特例の適用を受けている場合にあっては、本勧告により、当該敷地について、当該特例の対象から除外されることとなります。

出典：国土交通省作成のガイドライン〔参考様式２〕
（https://www.mlit.go.jp/common/001090531.pdf）

(2) 命令の際の事前手続

　指定した期限が過ぎても勧告に係る措置がとられない場合，市町村長は，空家法 14 条 3 項に基づき，所有者に対して当該措置を命じることができます。空家法は，この命令の際の事前手続について特別の規定を設ける一方で（14条 4 〜 8 項），行政手続法の第 3 章の規定を，同法12条〔処分基準〕および14条〔理由付記〕を除き，適用除外としています（空家法 14 条 13 項）。

空家等対策の推進に関する特別措置法（空家法）

14条 4 項　市町村長は，前項の措置を命じようとする場合においては，あらかじめ，その措置を命じようとする者に対し，その命じようとする措置及びその事由並びに意見書の提出先及び提出期限を記載した通知書を交付して，その措置を命じようとする者又はその代理人に意見書及び自己に有利な証拠を提出する機会を与えなければならない。

　5 項　前項の通知書の交付を受けた者は，その交付を受けた日から 5 日以内に，市町村長に対し，意見書の提出に代えて公開による意見の聴取を行うことを請求することができる。

　6 項　市町村長は，前項の規定による意見の聴取の請求があった場合においては，……措置を命じようとする者又はその代理人の出頭を求めて，公開による意見の聴取を行わなければならない。

　7 項　市町村長は，前項の規定による意見の聴取を行う場合においては，第 3 項の規定によって命じようとする措置並びに意見の聴取の期日及び場所を，期日の 3 日前までに，前項に規定する者に通知するとともに，これを公告しなければならない。

　8 項　第 6 項に規定する者は，意見の聴取に際して，証人を出席させ，かつ，自己に有利な証拠を提出することができる。

　まず，空家法14条4項は，命令を発するにあたり，相手方に対し，あらかじめ必要事項を記載した通知書を交付しなければならないと定めています。通知書の記載内容としては，ⓐ対象となる「特定空家」の所在地，ⓑ「特定空家」の所有者の氏名・住所，ⓒ命令しようとする措置の内容と理由，ⓓ当該措置をとるよう勧告した事実，ⓔ命令に先立ち意見書および自己に有利な証拠を提出することができること，ⓕ意見書等の提出先および提出期限，ⓖ通知書を受け取った日から5日以内に市町村長に対して公開による意見の聴取を行うよう請求することができること，などが挙げられます。なお，この事前通知書についても，勧告書のときと同様，郵送で交付する場合は配達証明付き内容証明郵便で送付すべきだと思います。

　次に，相手方は，通知書に記載された提出期限内に，意見書および自己に有利な証拠を提出することができます。これは，行政手続法上の弁明の機会の付与に該当するものですが，空家法14条は，通知書の交付を受けた者は，交付を受けた日から5日以内に市町村長に対して意見書の提出に代えて公開による意見の聴取を行うよう請求することができることとし（5項），この請求がなされた場合，市町村長は，予定している命令の内容や期日・場所を期日の3日前までに通知・公告した上で，公開による意見の聴取を行わなければならないと定めています（6，7項）。また，相手方は，意見聴取に際して，自己に有利な証拠を提出できるだけでなく，証人を出席させることも認められています（8項）。

　このように，空家法14条は，同条3項に基づく命令に際し，相手方に対して手厚い事前手続を保障しています。

(3) 命令

> ### 空家等対策の推進に関する特別措置法（空家法）
>
> 14条3項　市町村長は，前項の規定による勧告を受けた者が正当な理由がなくてその勧告に係る措置をとらなかった場合において，特に必要があると認めるときは，その者に対し，相当の猶予期限を付けて，その勧告に係る措置をとることを命ずることができる。

　空家法 14 条 3 項の命令の要件は，①空家法 14 条 2 項による勧告をしたこと，②相手方が正当な理由なく勧告に係る措置をとらないこと，③勧告に係る措置を命じることについて特に必要があると認められることの 3 点です。「正当な理由がないこと」および「特に必要があると認められること」の要件が付加されているため，勧告に係る措置がとられないからといって自動的に命令の要件を満たすことにはならず，比例原則の観点から命令の要否について検討する必要があります。なお，命令にあたっては，措置をとるのに要する「相当の猶予期間」を付さなければなりません。実務上は，1 か月から 3 か月程度とされることが多いようです。

　この命令は，相手方に行政上の義務を課す不利益処分に該当し，相手方が当該義務を怠った場合，行政代執行による強制執行が予定されています（同条 9 項）。また，命令違反に対して 50 万円以下の過料が規定されています（同法 16 条 1 項）。

　命令の方法について空家法には特に定めがありませんが，勧告の場合と同様，書面によって行い，かつ，書面を郵送で交付する場合は配達証明付き内容証明郵便で送付するべきだと思います（命令書に記載する内容については，☞p.47 参考資料❸参照）。

参考資料❸：命令書の記載例

[参考様式４ ： 第14条第3項 命令書]

平成○年○月○日
○○第○○号

○○市○○町○丁目○番地○号
○○　○○　殿

○○市長
○○　○○　　　　印
（担当　○○部○○課）

命　令　書

　貴殿の所有する下記空家等は、空家等対策の推進に関する特別措置法（平成２６年法律第１２７号。以下「法」という。）第２条第２項に定める「特定空家等」に該当すると認められたため、平成○年○月○日付け○○第○○号により、法第１４条第３項の規定に基づく命令を行う旨事前に通知しましたが、現在に至っても通知した措置がなされていないとともに、当該通知に示した意見書等の提出期限までに意見書等の提出がなされませんでした。
　ついては、下記のとおり措置をとることを命令します。

記

１．対象となる特定空家等
　　所在地　　　　　　○○市××町×丁目×番地×号
　　用途　　　　　　　住宅
　　所有者の住所及び氏名
　　　　　　　　　　　○○市○○町○丁目○番地○号　　○○　○○

２．措置の内容
　　（何をどのようにするのか、具体的に記載）

３．命ずるに至った事由
　　（特定空家等がどのような状態にあって、どのような悪影響をもたらしているか、具体的に記載）

４．命令の責任者　○○市○○部○○課長　○○　○○
　　　　　　　　　連絡先：○○○○－○○－○○○○

５．措置の期限　　平成○年○月○日

・上記２に示す措置を実施した場合は、遅滞なく上記４に示す者まで報告をすること。
・本命令に違反した場合は、法第１６条第１項の規定に基づき、５０万円以下の過料に処せられます。
・上記５の期限までに上記２の措置を履行しないとき、履行しても十分でないとき又は履行しても同期限までに完了する見込みがないときは、法第１４条第９項の規定に基づき、当該措置について行政代執行の手続に移行することがあります。
・この処分について不服がある場合は、行政不服審査法（昭和３７年法律第１６０号）第６条及び第４５条の規定により、この処分があったことを知った日の翌日から起算して６０日以内に○○市長に対し異議申立てをすることができます。

注：平成26年に成立した行政不服審査法（平成26年法律第68号）において、不服申立ての手続を審査請求に一元化することとなっており（新法第2条）、新法施行後は当該市町村長に審査請求を行うこととなる。（新法第4条第1号、なお、新法の施行日は、公布の日（平成26年6月13日）から起算して2年を超えない範囲において政令で定める日。）　また、新法における審査請求期間は、処分があったことを知った日の翌日から起算して3月を経過するまで（新法第18条第1項）となる。

出典：国土交通省作成のガイドライン〔参考様式４〕
（https://www.mlit.go.jp/common/001090531.pdf）

（4）公示

空家等対策の推進に関する特別措置法（空家法）

14条11項　市町村長は，第3項の規定による命令をした場合において
は，標識の設置その他国土交通省令・総務省令で定める方法によ
り，その旨を公示しなければならない。

　12項　前項の標識は，第3項の規定による命令に係る特定空家等に
設置することができる。この場合においては，当該特定空家等の
所有者等は，当該標識の設置を拒み，又は妨げてはならない。

　空家法14条3項による命令を行ったときは，同条11項の規定
により，標識の設置その他国土交通省令・総務省令で定める方法
によって，その事実を公示しなければなりません。具体的には，
空き家の敷地内に標識を設置することに加えて，自治体の広報誌
や掲示板，ウェブサイトへの掲載などを行うことになります。

　この手続は，命令を経て行政代執行等に至った場合，当該「特
定空家」に対して抵当権を設定している者など，第三者が不測の
損害を被るおそれがあるため，それを未然に防止するために措置
命令が発出されたことを周知するためです。とはいえ，実際には，
「特定空家」は建築から数十年が経過していることも多く，建物
の抵当権も消滅していることが多いと考えられるため，抵当権者
等から自治体に問い合わせがあることは少ないと思われます。

　なお，公示の手続においても，後になって抵当権者等から「知
らなかった」「標識が見えなかった」などと主張されることのない
よう，日時・場所・担当者等を報告書に記載するとともに，標識
の写真を撮るなどして，客観的に記録しておくことが重要です。

プラクティス民法債権総論
〔第5版補訂〕
潮見佳男 著

2020年施行の民法（債権法）改正対応版

第5版補訂では、第3章の債務不履行、損害賠償請求権（Ⅱ）、第4章の責任財産の保全、債権者代位権（Ⅰ）、詐害行為取消権などで加筆を行い、解説の充実をはかった。memo を新たに2件追加。民法（債権法）改正対応版。

潮見佳男
SHIOMI YOSHIO
One always has to keep in practice
プラクティス民法
債権総論
［第5版補訂］
信頼の債権総論教科書 第5版補訂
CASEを駆使して、民法理論がどのような場面で使われるのかの理解を促し、原理・制度・概念といった骨格部分の正確な理解へと導く。2020年（令和2年）4月施行の民法（債権法）改正対応版。第5版刊以降の動向を反映させた補訂版。
信山社
2795-0601 定価：本体5,000円（税別）

A5変・上製・730頁
ISBN978-4-7972-2795-6 C3332
定価：本体 5,000 円＋税

生ける世界の法と哲学
ある反時代的精神の履歴書
井上達夫 著

「井上達夫の法哲学の世界」に誘う

暴走する世界と迷走する日本への反時代的「檄」。実践と原理を結ぶ、40年間の知の行路、その「回顧的総括」と、いま熱きメッセージを込めた「未来への提言」。

Law and Philosophy in Our Living World:
The Curriculum Vitae of a Mind Going Against the Current
生ける世界の
法と哲学
― ある反時代的精神の履歴書 ―
井上達夫
Tatsuo Inoue
「井上達夫の法哲学の世界」に誘う
暴走する世界と迷走する日本への反時代的「檄」
実践と原理を結ぶ、40年間の知の行路
その「回顧的総括」と、いま熱きメッセージを込めた「未来への提言」
信山社
9881-0101 定価：本体5,200円（税別）

四六変・上製・548頁
ISBN978-4-7972-9881-9 C3332
定価：本体 5,200 円＋税

113-0033 東京都文京区本郷6-2-9-102 東大正門前
：03(3818)1019 FAX：03(3811)3580 E-mail：order@shinzansha.co.jp
信山社
http://www.shinzansha.co.jp

法哲学はこんなに面白い
森村　進　著

法哲学という学問の面白さと多様性

思想史、人格の同一性、実定法学の基礎的問題など、日本を代表するリバタリアニズム研究の第一人者である森村進教授が説く、法哲学という学問の面白さと多様性。計 17 編の論文・書評を収録する(各編に[後記]付き)。2019 年 1 月に行われた一橋大学での最終講義の記録も収載。

A5 変・並製・368 頁
ISBN978-4-7972-2796-3 C3332
定価：本体 5,000 円＋税

行政認定制度
〔行政法の森の散歩Ⅰ〕
碓井光明　著

無数にある 行政認定制度の 探求と整序

A5 変・上製・464 頁
ISBN978-4-7972-2682-9 C3332
定価：本体 8,000 円＋税

行政法の世界には「認定」が溢れている。そうした状況において、無数にある「行政認定制度」を探求し、整序を行う。

〒113-0033　東京都文京区本郷6-2-9-102　東大正門前
TEL：03(3818)1019　FAX：03(3811)3580　E-mail：order@shinzansha.co.jp

信山社
http://www.shinzansha.co.jp

医師患者関係と法規範〔学術選書201〕

手嶋　豊 著

医事法学の発展過程から
理論的基層を見出す

医療と法の多様な問題について、著者の長きにわたる第一線での研究成果を1冊に。1998〜2019年に公表した全16論文を掲載する。

A5変・上製・292頁
ISBN978-4-7972-8231-3 C3332
定価：本体 7,800 円＋税

民事紛争交渉過程論〔増補第2版〕〔学術選書162〕

和田仁孝 著

当事者の視点から、
法や制度を批判的に検討

普遍的な法社会学的意義を持つ名著が新装刊行。初版に、契約交渉と合意、和解の意義、訴訟代理のあり方に関する3論考を追加し、初版収載の論考には、〈解題〉を付し、各論文の意義付けを行なう。

A5変・上製・392頁
ISBN978-4-7972-6762-4 C3332
定価：本体 9,800 円＋税

113-0033 東京都文京区本郷6-2-9-102 東大正門前
L:03(3818)1019 FAX:03(3811)3580 E-mail:order@shinzansha.co.jp
信山社
http://www.shinzansha.co.jp

法律学の森

刑法総論

町野 朔

著

《法律学の森》シリーズ

切れ味鋭い町野刑法総論

本書は、問題がどのような形で起き、実務はど
う考えたかを知るためにしつこいくらいに多く
の判例(約800件)を引用した。判例と学説の
理解のための最低限必要なものである。

8030-0101 定価：本体5,600円(税別) 信山社

A5変・上製・480頁
ISBN978-4-7972-8030-2 C3332
定価：**本体 5,600 円**+税

刑法総論
町野 朔 著

切れ味鋭い町野刑法学の総決算体系書

刑法の問題がどのような形で起き、実務はどう対応したかを知るために、800件に及ぶ刑法総論関係判例を再検討した刑法総論の最新体系書。

判例プラクティス
刑法I 総論
〔第2版〕
成瀬幸典・安田拓人 編

刑法総論判例教材の決定版 待望第2版

事実関係を的確・丁寧に提示し、スタンダードな解説により、講学上必要・十分な刑法〔総論〕判例481件を収録した最新判例集。

判例プラクティス

刑法I 総論
成瀬幸典・安田拓人 —— 編
第2版

執筆者 安達光治・足立友子・石川友佳子・内海朋子・遠藤聡太
小名木明宏・嘉門優・金尚均・齊藤彰子・佐藤陽子
品田智史・末道康之・杉本一敏・薗部正寿・竹川俊也
照沼亮介・冨川雅満・豊田兼彦・中空壽雅・成瀬幸典
橋爪隆・濱田新・樋口亮介・平山幹子・深町晋也
古川伸彦・松原久利・松宮孝明・安田拓人・山下裕樹

刑法〔総論〕判例教材の決定版 待望の第2版

・講学上必要・十分な別冊〔総論〕判例481件を収録
・初版以来の一貫した編集方針〔(1)事実関係の的確・丁寧な提示、(2)スタンダードな解説、(3)概観解説による見取り図の提供〕
・解説付き判例、解説なし判例への段階的な採用
・新規判例 120件増補

2680-0201 東京・信山社出版・東大正門前 定価：本体4,000円(税別)

B5・並製・470頁
ISBN978-4-7972-2680-5 C3332
定価：**本体 4,000 円**+税

〒113-0033 東京都文京区本郷6-2-9-102 東大正門前
TEL:03(3818)1019 FAX:03(3811)3580 E-mail:order@shinzansha.co.jp

信山社
http://www.shinzansha.co

6．行政代執行

　上述した助言・指導，勧告，命令という手続を経ても所有者が必要な措置をとらない場合，空家法14条9項に基づき，行政代執行を行うことができます。逆に言えば，上記の各手続を行う際は，最終的に行政代執行することになるかもしれないということを念頭に置いておく必要があります。

　ちなみに，空き家に関する代執行というとまずは建物の除却が思い浮かぶという方も多いと思いますが，実際は，樹木の枝の伐採にとどまるような軽微な代執行もあり，対象となる空き家の状況によっては多種多様です。とはいえ，代執行の実施で最も苦労するものの一つが建物を除却する場合ですので，以下では建物の除却を題材に，代執行の要件と手続について概観します。

　なお，空家法14条に基づく代執行には，行政代執行（9項）と略式代執行（10項）がありますが，ここでは行政代執行のみを取り上げ，略式代執行については本章8で説明します。

空家等対策の推進に関する特別措置法（空家法）

14条9項　市町村長は，第3項の規定により必要な措置を命じた場合において，その措置を命ぜられた者がその措置を履行しないとき，履行しても十分でないとき又は履行しても同項の期限までに完了する見込みがないときは，行政代執行法……の定めるところに従い，自ら義務者のなすべき行為をし，又は第三者をしてこれをさせることができる。

---

(1) 行政代執行の要件

　空家法 14 条 9 項が定める代執行の要件は，空家法 14 条 3 項に基づく命令を受けた者が，ⓐ命令に係る措置を履行しない，ⓑ履行しても十分でない，またはⓒ指定した期限までに完了する見込みがない，のいずれかに該当することです。

　このように，空家法14条 9 項は，行政代執行法 2 条と比べて代執行の要件を緩和しており（ ☞【図2-5】），このことから，空家法14条 9 項に基づく代執行を「緩和代執行」と呼ぶことがあります。ただし，空家法 14 条 9 項は，「特定空家」について代執行を行う際にあらためて補充性要件や公益要件について判断する必要はないことを明文で規定したにとどまり，「特定空家」の認定から助言・指導，勧告を経て命令に至る過程おいて，自治体が行政代執行法 2 条の定める補充性要件や公益要件について十分に検討していることが前提となっていることに留意が必要です（そのため，本書ではあえて「行政代執行」と記述します）。

【図2-5】空家法 14 条 9 項に基づく代執行の要件

行政代執行法 2 条の定める要件	空家法 14 条 9 項の要件
①義務が履行されないこと	上記ⓐⓑⓒのいずれかに該当
②他の手段によって義務の履行を確保することが困難であること（補充性要件）	「特定空家」の要件および空家法 14 条 3 項に基づく命令の要件を満たしており，かつ，助言・指導や勧告を経て命令を発したにもかかわらず，必要な措置がとられていない。
③義務の不履行を放置することが著しく公益に反すること（公益要件）	

(2) 行政代執行の手続

ア　意思決定

　上述のように，空家法14条9項の規定上は，命令に係る措置が十分にとられない場合，直ちに行政代執行を行うことが可能です。しかし，いったん行政代執行がなされると，措置の内容によっては，建物の除却のように元に戻すことが現実的に困難であることも少なくありません。そのため，実務上は，行政代執行を行うにあたり，空き家の危険性の程度や，それまでの所有者の対応などを踏まえ，行政代執行を行う必要性や内容・時期について，最終的な費用回収の見込みなども含めてあらためて組織として検討し，意思決定をする必要があります。

　なお，専門的・客観的な第三者の意見を踏まえて慎重に判断する観点から，行政代執行の必要性について，空家法7条に規定されている協議会などに諮ることも考えられます。ただし，勧告⇒命令⇒行政代執行という一連の手続のどの段階で協議会等に諮問するかについては，様々な考え方があり得ます（「特定空家」の認定の際の諮問について，⇒p.33 参照）。実際に，勧告の際に諮問している自治体や，命令の際にその必要性も含めて諮問している自治体もあるようです。この点については，具体的な問題が起こってからでは遅いため，各自治体においてあらかじめ検討して定めておくことが重要です。

イ　戒告書および代執行令書の送付

　行政代執行を実施することが決定されたら，行政代執行法の

定めるところに従い，原則として①文書による戒告および②代執行令書による通知を行う必要があります（空家法14条9項・行政代執行法3条）。

　まず，①文書による戒告（行政代執行法3条1項）とは，相手方に対し，相当の履行期限を定めた上で，期限までに履行がなされないときは代執行をなすべき旨を，あらかじめ文書で通知することをいいます。戒告書に記載する内容は，ⓐ対象となる「特定空家」の所在地・用途・構造・面積，ⓑ所有者の氏名・住所，ⓒ空家法14条3項に基づく命令を行った事実およびその内容，ⓓ期限（具体的な年月日）までに履行されないときは，空家法14条9項の規定（条例がある場合は条例の規定も記載する。）に基づき代執行を実施すること，ⓔ代執行に要する費用は相手方から徴収すること，ⓕ不服がある場合は審査請求または処分の取消しの訴えができる旨の教示等です。

　次に，所有者が文書による戒告を受けても指定の期限までにその義務を履行しないときは，②代執行令書による通知を行います（行政代執行法3条2項）。代執行令書に記載する内容は，上記ⓐⓑⓔⓕのほか，ⓖ戒告した事実および指定の期日までに義務が履行されていない事実，ⓗ代執行の実施予定時期，ⓘ執行責任者（実施部門の部課長名など），ⓙ代執行に要する費用の概算見積額等です。

　上記①②のいずれも行政代執行を実施するための手続要件ですので，文書が確実に相手方に到達したことを記録しておかなければなりません。そのため，郵送により交付する場合，配達証明付き内容証明郵便で送付する必要があります。

【図 2-6】行政代執行の実施手続

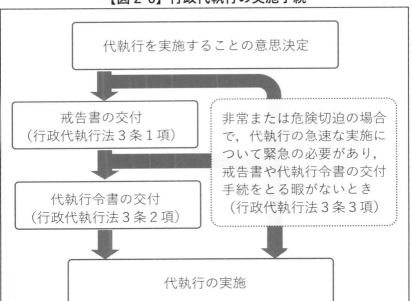

ウ　代執行の実施に向けた事前準備

　代執行は，建物の除却のように，行政職員が自力で行うこと
は困難であるものが多く，その実施にあたっては，入札等によ
り実施業者を決める必要があります。入札を行う際は，あらか
じめ業者から見積りをとるなどして入札予定価格を算出します
が，代執行の場合，代執行令書に費用の概算額を記載する必要
があるため（前ページⓘ），代執行令書の交付前に見積りをとり，
入札予定価格の概算を算出しておく必要があります。また，代
執行の実施後に所有者に費用を請求する際，請求額が代執行令

53

書に記載された金額とあまりに違っていては問題となりますので，代執行令書に記載する概算額はかなり正確なものでなければなりません。見積りを取る際は，業者にそうしたことを伝えて，できる限り正確な見積額を出してもらうことが重要です。

　次に，業者に委託する場合であっても，代執行の当日は様々な対応が必要になるため，業者任せにするのではなく，必要となる事項を整理した上で，事前に職員の役割分担を決めておく必要があります。具体的には，当日の総合的な責任者（執行責任者）だけでなく，当日の委託業者への対応や，所有者から苦情があった場合の対応，作業中に空き家から現金などの有価物が出てきた場合の対応など，代執行の内容に応じて，事前に必要な項目と担当者を決めておくことで，余裕を持って対応することが可能になります。

　また，上記以外にも，様々な事前準備が必要です。例えば，建物の除却を伴うような大がかりな作業が行われる場合，代執行の実施に先立ち，近隣住民に対し，作業による騒音や振動について周知しておく必要があります。また，除却が必要となるような「特定空家」については周辺住民の関心も高いため，あらかじめ現場周辺の自治会や町内会に広く周知しておくことが望ましいといえます。場合によっては，マスコミや議会に対して情報提供することも検討したほうがよいでしょう。作業当日に近隣住民から問合せやマスコミの取材，議員の視察があることも想定されますので，当日の担当を決めるにあたっては，こういった場合の担当者についても検討しておく必要があります。

エ　代執行の実施当日

　代執行の実施当日は，あらかじめ決めておいた役割分担に従って，作業を行います。当日の具体的な手順が法令で定められているわけではありませんが，実務的には，執行責任者が作業の開始・終了時にそれぞれ代執行開始・終了の宣言をすることが行われています。これにより実際の作業実施時間を明確にした上で，作業実施時間以外は業者や職員が敷地内に入らないことを徹底することが，事後的な紛争を防止する上で有効です。同様の趣旨から，作業実施中は，作業の様子を写真や動画で客観的に記録しておくことも有益です。

　また，代執行の実施中に，現金や宝石などの有価物（動産）が発見されることがあります。建物の除却の場合，こうした動産については所有者に引き渡す必要があるため，あらかじめ決めておいた担当者が，動産が発見された場所や状態について記録した上で，庁舎において鍵をかけるなどして厳重に保管します。この場合も，後から「あったはずの動産がなくなった。」「壊された。」などといったトラブルにならないよう，発見直後の状態を写真や動画で客観的に記録しておくことが重要です。

　さらに，代執行の実施中に想定外の事態が起こることもあり得ます。筆者の経験では，代執行によるものではありませんが，市が選任を申し立てた不在者財産管理人が空き家の解体を行った際に，行方不明となっていた所有者と思われる方の遺体が建物内から発見された事例がありました。所有者や賃借人の行方が分からない場合，状況によっては，こうした可能性を視野に入れて警察官の立合いを要請することも考えられます。

7．費用の徴収

　行政代執行は，本来は所有者が行うべき措置を行政が代わりに行うものですので，代執行に要した費用は，所有者に請求しなければなりません（空家法 14 条 9 項・行政代執行法 5 条）。この費用については，国税滞納処分の例により徴収することができ（行政代執行法 6 条 1 項），かつ，国税・地方税に次ぐ順位の先取特権があるため（同条 2 項），自治体が扱う債権の中でも，強制的に回収を図ることが可能な債権といえます。

　代執行に要した費用とは「実際に要した費用の額」を意味します（行政代執行法 5 条）。具体的には，作業に直接かかった費用（作業員の人件費や重機のレンタル代）のほか，一般に，設計・調査や廃材の搬出・処分に要した費用，交通誘導員の人件費，動産を保管した場合はその保管費用などが含まれると考えられます。

　徴収の手続は，まず，所有者に対して金額および納期日を記載した文書によって納付を命じ（行政代執行法 5 条），任意に支払われない場合，差押え等により強制徴収を行います。具体的には，建物の除却の場合，対象となった「特定空家」の敷地（土地）を差し押さえた後，公売にかけて換価し，その代金を費用に充当することが典型です。財産調査によって預金等の財産が判明した場合，それに対して差押え等を行うことも考えられます。とはいえ，空き家対策を担当する部署は，こういった強制徴収の経験やノウハウを有しないことが通常であると考えられます。そのため，実務的には，債権回収を所管する部署と連携して費用の徴収を図る必要があり，自治体内部における部署間の連携が重要になります。

8．略式代執行

　上記1～7において，自治体における空き家対策の基本的な流れ（☞p.19【図2-1】）について紹介してきました。しかし，長年にわたり放置されてきた空き家の場合，所有者が確認できなかったり，確認はできても連絡が取れなかったりすることも多くあります。空家法が制定される前は，こうした場合は対応のしようがありませんでしたが，空家法に略式代執行の規定（14条10項）が設けられたことにより，対応が可能となりました。この略式代執行は，空家法14条9項に基づく代執行の前提となる命令（同条3項）や，さらにその前提である助言・指導（同条1項）および勧告（同条2項）を経ることなく代執行をすることを可能とするものであり，空き家対策の上で重要な意義を有しています。

空家等対策の推進に関する特別措置法（空家法）

14条10項　第3項の規定により必要な措置を命じようとする場合において，過失がなくてその措置を命ぜられるべき者を確知することができないとき（過失がなくて第1項の助言若しくは指導又は第2項の勧告が行われるべき者を確知することができないため第3項に定める手続により命令を行うことができないときを含む。）は，市町村長は，その者の負担において，その措置を自ら行い，又はその命じた者若しくは委任した者に行わせることができる。この場合においては，相当の期限を定めて，その措置を行うべき旨及びその期限までにその措置を行わないときは，市町村長又はその命じた者若しくは委任した者がその措置を行うべき旨をあらかじめ公告しなければならない。

【図 2-7】 略式代執行の流れ

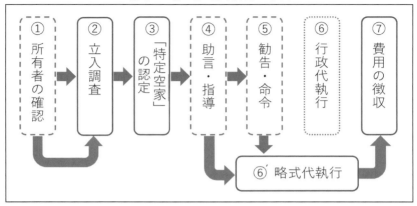

この図は，略式代執行の流れをイメージしたものです。本章の冒頭（p.19）で示した【図2-1】と比べると，⑥行政代執行ではなく，⑥´略式代執行のルートを通っていることがわかります。なお，①所有者の確認と④助言・指導は，行うことができる場合とできない場合のいずれもあり得るため，矢印が分岐しています。⑤については，勧告は行うことができる場合もあり得ますが，命令を行うことはできないため，下向きの矢印しか出ていません。

　略式代執行の実体要件は，①空家法 14 条 3 項の命令の相手方となる者を確知することができないこと（前提となる助言・指導または勧告の相手方を確知することができない結果，命令を行うことができない場合を含みます。），および，②相手方を確知することができないことについて行政に過失がないことの 2 点です。

　①「確知することができない」とは，所有者が誰であるか不明である場合（共有者の一部が不明である場合を含みます。以下同じ。）や，所有者と考えられる者が行方不明で生死も不明である場合，生きていることは確実でも所在が不明である場合のほか，相続人全員が相続放棄をした場合も含まれると考えられています。

　②「過失なく」とは，合理的な調査を尽くしたにもかかわらず，相手方を確知することができなかったことを意味します。そのため，少なくとも，登記簿や住民票・戸籍，固定資産税課税台帳等を調査しておく必要があると思います（☞本章1参照）。

　次に，相手方が確知できない場合，行政代執行の事前手続（☞本章6⑵イ）をとることができません。そこで，空家法14条10項は，略式代執行の手続要件として，「相当の期限を定めて，その措置を行うべき旨及びその期限までにその措置を行わないときは，市町村長又はその命じた者若しくは委任した者がその措置を行うべき旨をあらかじめ公告しなければならない」と規定しています。

　公告の方法は，国土交通省作成のガイドラインによれば，市町村の掲示板に掲示するとともに，掲示があったことを官報に少なくとも1回掲載すること（相当と認められる場合，官報への掲載に代えて当該自治体の広報誌等に掲載することをもって足りる）とされています。また，「相当の期限」とは，公告によって相手方に到達したとみなされる期間（公告から2週間）に，相手方が自ら措置を行うに足りる期間を加えたものを意味すると考えられており，運用上，1か月程度の期間を設定することが多いようです。

　なお，略式代執行の費用については，空家法14条10項が「その者の負担において」と規定していることから義務者の負担となりますが，同条9項に基づく代執行と異なり行政代執行法の適用がなく，空家法にも徴収に関する規定がないため，実際に費用を回収することは困難です。この点については，近時，民事上の財産管理制度を利用した取組みが行われていますので，発展編で紹介します（☞第3章4「複数手法の組み合わせ」）。

第3章

自治体における空き家対策の実務
― 発展編 ―

　第2章では，自治体における空き家対策の実務の基礎編として，空家法に基づく各種の措置の概要と基本的な流れについて紹介しました。空家法の規定は，空き家問題の実情を踏まえ，同法が制定される前に各地の自治体が制定した条例の規定も参考にして整備されており，かなり使いやすい法律になっていると思います。その一方で，空き家問題と一口に言っても，その内容は多種多様であり，実際の現場においては，単純に空家法を適用するだけでは対応が難しい問題も少なくありません。

　そこで，本章においては，自治体における空き家対策の実務の発展編として，条例に基づく措置（緊急安全措置や軽微な措置）について紹介するとともに（本章1～2），他の制度の活用（財産管理制度の活用や滞納処分によるアプローチ）や複数手段の組み合わせについて紹介します（本章3～4）。

1．緊急安全措置（即時強制）

　第2章で紹介したように，空家法は，「特定空家」について，助言・指導，勧告，命令を経た上で，最終的に行政代執行という措置をとることを原則としています。また，例外的に略式代執行が可能な場合であっても，事前手続である公告から代執行に至るまでには，1か月程度の期間を要します。そのため，危険を除去するため緊急的に対応する必要があるケースのような場合，空家法14条に基づく措置では対応が難しいことがあります。

　このようなケースに対応するため，自治体によっては，空き家条例に緊急安全措置の規定を設けていることがあります。以下，条例に基づく緊急安全措置（即時強制）について紹介します。

コラム❻ 空家法と空き家条例

　空家法の制定前は，各自治体が自主条例を制定して空き家問題に対応していました（☞第1章参照）。その当時，多くの条例が所有者の同意を得て対応する規定を設けていましたが，この規定では所有者の同意が得られない場合は必要な措置をとることができないため，各自治体において対応を模索していました。このような中，いくつかの空き家条例において導入されたのが，緊急安全措置の規定でした。

　この緊急安全措置は，空家法制定後に導入されたものも含め現在も多くの条例に規定されており，空家法に基づく措置とは別の，条例に基づく独自の手段と位置付けられています。

1．緊急安全措置（即時強制）

(1) 即時強制とは

　即時強制（即時執行と呼ばれることもあります。）は，相手方に義務を課すことなく行政が直接に実力を行使する強制手段ですので，命令などによって事前に相手方に対し義務を課す必要はありません。また，行政代執行のように，戒告書や代執行令書の交付手続（⇨第2章6(2)イ）をとる必要はなく，空家法に基づく略式代執行と比べても，相当な期間を定めて公告する手続（⇨第2章8）が不要であるため，迅速な対応が可能です。

　即時強制は条例で制度を創設することが可能とされ，例えば，京都市が制定した空き家条例には以下の規定が設けられています。

京都市空き家等の活用，適正管理等に関する条例

19条1項　市長は，特定空き家等の管理不全状態に起因して，人の生命，身体又は財産に危害が及ぶことを避けるため緊急の必要があると認めるときは，当該特定空き家等の所有者等の負担において，これを避けるために必要最小限の措置を自ら行い，又はその命じた者若しくは委任した者に行わせることができる。

　即時強制は，事前手続を経ずに相手方の財産などに実力を行使するものであるため，空き家条例における即時強制の規定においては，比例原則の観点から，上記のように，人の生命や身体，財産に危害が及ぶことを避けるために緊急の必要があることが要件とされるのが一般的です。空き家条例にこのような規定を設けておくことにより，空家法の規定を補完し，同法14条に基づく代執行では困難な，緊急的な対応をとることが可能になります（⇨p.64 Case Study❸）。

63

Case Study❸　緊急的な対応が必要なケース

　筆者の扱った事例として，強風の日に，通学路に面した空き家の屋根が飛ばされそうになっていて危険だという通報があり，現場に臨場したことがありました。

　通報を受けて駆けつけたところ，空き家の軒下の板が強風であおられて外れそうになっており，我々が現場に到着してから間もなく，風で飛ばされた板が通学路に落下しました。

　このようなケースでは，空家法に基づく各種の措置では間に合わないことは明らかです。上記の事例では結果として即時強制をする時間すらありませんでしたが，現場の状況から児童の生命や身体に危険があると認められるケースですので，条例に即時強制の規定があれば，空き家の敷地内に立ち入って応急処置をするなどの対応をとることが可能です。

　なお，上記のような条例独自の措置は「緊急安全措置」や「応急措置」などと称されますが，「緊急安全措置」や「応急措置」という見出しの条文であっても，即時強制を内容としないものもあるため，注意が必要です。例えば，①京都市空き家条例（ ☞p.63）や飯田市空き家条例（ ☞p.65）の「緊急安全措置」は即時強制ですが，②登米市空き家条例 12 条の「応急措置」のように，緊急事務管理（民法 698 条）と説明されるもの[7]や，③足立区老朽家屋等

---

[7] 登米市空き家等の適正管理に関する条例逐条解説（https://www.city.tome.miyagi.jp/gikaijimu/shisejoho/gyose/shigikai/gikaikaikaku/documents/akiyajourei_tikujoukaisetu.pdf 2020 年 7 月 1 日閲覧）参照。

1．緊急安全措置（即時強制）

の適正管理に関する条例 7 条の「緊急安全措置」のように，所有者の同意を得て行うものがあります。④歌志内市建築物の適正管理に関する条例 7 条の「緊急安全措置」のように，本章 2 で紹介する軽微な措置を内容とするものもあります。

（2）緊急安全措置に要した費用の負担者

即時強制については，行政代執行の場合（☞第 2 章 7 参照）と異なり一般法が定められていないため，その費用を誰が負担するかについても，条例の定めによることになります。

例えば，前述した京都市空き家条例 19 条は，緊急安全措置について「所有者等の負担において」実施すると規定しています。これに対し，緊急安全措置に要した費用を行政が負担すべきものと規定している条例もあり，例えば，飯田市空き家条例 8 条 2 項は，同条 1 項に定める緊急安全措置に要した費用について，「市が負担するものとする」と明文で定めています。

飯田市空家等の適正な管理及び活用に関する条例

8 条 1 項　市長は，著しく保安上危険となるおそれのある状態にある特定空家等又は第 2 条第 3 号アに規定する状態にある準特定空家等……について，公共の安全を確保するため緊急の必要があり，かつ，その実施により空家等の形状を著しく変形させることはないと見込まれるときは，当該公共の安全の確保に必要な最低限度の措置……を講じることができる。

2 項　前項の場合において，緊急安全措置の実施に要した費用は，市が負担するものとする。

---

(3) 緊急安全措置に要した費用の回収

　条例が即時強制に要した費用を所有者の負担と定めている場合，この債権は公債権に分類されますが，滞納処分の例によって徴収することができない非強制徴収公債権であるため，任意に支払われない場合，民事上の強制執行によって回収する必要があります。民事上の強制執行は，執行文の付された債務名義の正本に基づいて実施されるため（民事執行法 25 条），まずは即時強制に要した費用について，民事訴訟を提起して勝訴するか，または支払督促によって債務名義を取得しなければなりません。

　支払督促は，訴訟と比べて申立費用が半額であり，また，書面審理のため裁判所に出頭する必要がないというメリットがありますが，他方で，相手方が異議を申し立てた場合は訴訟手続に移行することや，公示送達ができないため相手方の所在地が不明である場合は利用できないというデメリットがあります。

　支払督促が相手に到達してから 2 週間以内に異議申立がなされない場合，30 日以内に裁判所に「仮執行宣言の申立」を行います。これを受けて裁判所が相手方に「仮執行宣言付支払督促」を送付し，その後 2 週間以内に相手方から異議申立がなされなければ，仮執行宣言付支払督促は債務名義となり（民事執行法 22 条4号），これによって強制執行をすることができるようになります。

　なお，支払督促を申し立てる時点では議会の議決または専決処分は不要ですが，相手が異議申立をしたときは訴訟に移行するため，議会の議決または専決処分が必要になります（地方自治法 96条 12 号，179 条 1 項）。そのため，裁判に移行することを心配して支払督促を躊躇する自治体もあるようです。

Case Study❹ 即時強制の費用回収に成功した事例

　筆者が扱った事例ではありませんが，支払督促によって即時強制の費用を回収した香取市の事例について紹介します。

　この事例では，老朽化した空き家の外壁が剥がれて道路に落下し，隣接した建物にも危険が及んでいたため，香取市空き家条例５条１項に基づく即時強制として建物の除却を行いました。その後，市は同条４項に基づき除却費用約389万円を相手方（所有者）に請求しましたが，支払われませんでした。

　そこで，市は除却費用について支払督促を申し立てましたが，異議申立がなされたため，議会の議決を経て訴訟に移行しました。しかし，相手方が裁判に出廷せず答弁書も提出しなかったため，市が勝訴し債務名義を取得することができました。その後，市は空き家の敷地を含む相手方所有の土地建物について強制競売を申し立て，競売の結果，落札代金から除却費用や延滞金，手続費用等の全額を回収することができました（なお，除却費用の歳入科目は，雑入として扱ったそうです）。

　上記の事例は，相手方から異議が申し立てられて訴訟に移行したため，支払督促による事務的・費用的なメリットを享受することはできませんでしたが，空き家条例に基づく即時強制に要した費用を民事訴訟および民事執行の手続を通じて回収したものであり，大変参考になります。即時強制の規定を設けている空き家条例は数多く存在しますが，香取市の事例は，即時強制に要した費用の回収についての先駆的な事例として，大きな意義を持つと思われます。

香取市空家等の適正管理に関する条例

5条1項　市長は，特定空家等に倒壊，崩壊，崩落その他著しい危険
　　が切迫し，人の生命若しくは身体に対する危害又は財産に対する
　　甚大な損害（以下「危害等」という。）を及ぼし，又はそのおそ
　　れがあると認めるときは，その危害等を予防し，又はその拡大を
　　防ぐため，必要最小限の措置を講ずることができる。

　2～3項　（略）

　4項　市長は，第1項の措置を講じたときは，当該措置に要した費
　　用を所有者等から徴収することができるものとする。

除却前（左）と除却後（右）の写真
（中央のビルの左隣の建物を除却）

香取市より提供（画像の一部を加工しています。）

2．軽微な措置

　条例の中には，軽微な措置についての規定を設けるものがあります。本章 1 で紹介した緊急安全措置は，空家法 14 条に基づく措置をとる時間的余裕がない場合の手段であるのに対し，軽微な措置は，代執行をするほど重大な場合ではないものの，自治体として何らかの強制措置をとる必要があるときに用いられる手段です。

　筆者が調べたところでは，2020 年 1 月時点において，32 の空き家条例が，「軽微な措置」という見出しの条文を設けていました。緊急安全措置と比べるとまだまだ少ないですが，そのうち 28 条例は空家法制定後に導入されており，軽微な措置は，空家法を補完するための規定として広まりつつあるようです（「緊急安全措置」という見出しの条文において軽微な措置について定めている条例もあるため（⮕p.65 参照），実際はもっと多くの条例に軽微な措置についての規定が存在すると考えられます。）。

　以下，条例に基づく軽微な措置について，緊急安全措置と比較しながら紹介します。

(1) 軽微な措置とは

　軽微な措置の規定を設けている空き家条例の多くは，その法的性質を即時強制の一種と位置づけていますが，相手方の不利益が小さいことから，人の生命・身体・財産に危害が及ぶおそれが認められない場合であっても実施することができると定めています。そのため，実際の条例においても緊急安全措置とは別の条文で規定されることが多く，本書においても両者を区別して説明します。

69

> 京都市空き家等の活用，適正管理等に関する条例
>
> （緊急安全措置）
>
> 19条　（略）（⤷p.63参照）
>
> （軽微な措置）
>
> 20条　前条（第2項を除く。）の規定は，市長が特定空き家等について，開放されている窓の閉鎖，草刈りその他の別に定める軽微な措置を採ることにより地域における防災上，防犯上又は生活環境若しくは景観の保全上の支障を除去し，又は軽減することができると認めるときについて準用する。

　軽微な措置の内容は，「必要最低限の措置を行う」といった抽象的な規定がされるにとどまることの多い緊急安全措置と異なり，地域の実情に合わせて条例または規則に具体的に例示されることが多く，実際に，ⓐ開いている窓や扉，門を閉める，ⓑ草刈りや樹木の枝打ちをする，ⓒ建物や塀などの破損部分を養生する，ⓓ空き家から落下した飛散物の片づけをするといった措置が多くの条例に規定されています。そのほか，ⓔ施錠をして侵入を防ぐ，ⓕ注意喚起の表示をする，ⓖ悪臭の除去や害虫駆除のために薬品を散布する，ⓗ除雪を行う，といった措置が例示されています。

　これらの措置は，早期の段階で実施することで空き家の状態が悪化することを防止するものであり，空き家の状態が悪化してから対応する場合と比べ，周辺環境への悪影響を軽減することができ，かつ，トータルコストも小さくなると考えられます。このように，軽微な措置は，空き家問題を解消・軽減する手段として有効であり，所有者の不利益も小さいことから，もっと多くの自治体で検討されてよいと思います。

コラム❼ 軽微な措置と即時強制

　空き家問題を担当していると，「隣の空き家の窓が開きっぱなしで防犯上不安だ」「雑草が生い茂り道路にはみ出て困っている」といった相談がよく持ち込まれます。このような状況は，直ちに人の生命や身体，財産に危害を及ぼすおそれはありませんが，日常的に接する近隣住民にとっては強いストレスとなることも十分に理解できますし，また，放置することで状況が悪化するおそれもあります。

　他方で，この時点ではまだ「特定空家」の要件を満たしていないことから（☞p.34 参考資料❶参照），空家法に基づく措置の対象にはなりません。そこで，条例に即時強制の規定を設けることで対応することが考えられますが，上記のような状況は「危険を除去するため相手方に義務を命ずる時間的余裕がない場合」にも「事柄の性質上義務を命じることによってはその目的を達成し難い場合」にも該当しないため，一般的な即時強制の要件を満たさないとも考えられます。

　しかしながら，建物の除却のように回復困難な措置を即時強制によって行う場合は別にして，相手方の不利益が極めて小さい場合にまで，上記のような厳格な要件を課す必要はないように思われます。開いている窓を閉めたり，敷地からはみ出ている雑草を刈ったりといった軽微な措置が空き家の所有者にとって大きな不利益となることは通常考えられないため，軽微な措置を条例に定めて即時強制として実施することは，現場感覚からすると合理的なものに感じられます。

(2) 軽微な措置の対象

　軽微な措置は，条例に基づく独自の措置であるため，「特定空家」に該当しない空き家についても措置の対象とすることができます。

　例えば，長屋や共同住宅については，建物全体が空き屋にならない限り空家法2条1項の「空家」に該当しないため，同法14条に基づく措置の対象となりません。また，同法2条1項の「空家」に該当しても，同条2項所定の要件（☞p.29【図2-3】）を満たす「特定空家」に該当しなければ，やはり同法14条に基づく措置の対象とはなりません。しかし，このような物件についても，空き家条例に軽微な措置の規定を設けることで対応が可能になります。

　実際に，筆者の調査によれば，「軽微な措置」という見出しの条文を設けている32の空き家条例のうち，軽微な措置の対象を空家法2条2項の「特定空家」に限っているものは3条例のみであり，その他の条例においては，軽微な措置の対象が「特定空家」以外の空き家に拡張されていました（☞【図3-1】参照）。

【図 3-1】軽微な措置の対象

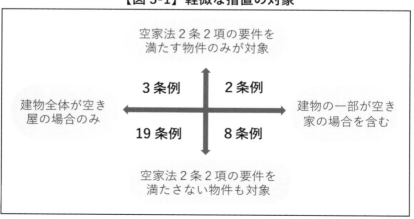

次に，「軽微な措置」という見出しの条文を設けている 32 条例
のうち，28 条例は，緊急安全措置に関する条文を別に設けていま
す。そのうち 23 条例においては両者の対象が同じですが，4 条例
においては軽微な措置の対象のほうが広く，1 条例においては緊
急的な措置の対象のほうが広く規定されています。

【表 3-1】対象となる空き家の範囲

軽微な措置の対象のほうが広い	両者の対象が同じ	緊急安全措置の対象のほうが広い
4 条例	23 条例	1 条例

(3) 軽微な措置に要した費用
ア　即時強制の場合

前述のように，空き家条例の多くは軽微な措置を即時強制の
一種と位置づけているため，その場合の費用負担者は，緊急安
全措置と同様，条例の定めによることになります。ただし，軽
微な措置は自治体職員が自ら行うことが実施できることも多く，
費用も低額であると想定されるため，例えば西東京市空き家等
の対策の推進に関する条例のように，費用負担者について明文
の定めを設けないものも存在します。その場合，現実的には，
自治体が軽微な措置に要した費用を負担することになります。

イ　行政代執行の場合

空き家条例の中には，飯田市の条例のように，あらかじめ命
令によって所有者に義務を課した上で，それが履行されない場

> **飯田市空家等の適正な管理及び活用に関する条例**
>
> 9条2項　市長は，前項の規定による命令をした場合において，当該命令を受けた者が当該命令に係る軽微な措置を履行しないとき，履行しても十分でないとき，又は履行しても同項に規定する期限までに完了する見込みがないときは，行政代執行法……の定めるところにより，自ら当該軽微な措置を講じることができる。

合に軽微な措置を行政代執行により実施する旨を定めるものもあります。このような場合，軽微な措置に要する費用は，行政代執行法に基づいて義務者の負担となり，かつ，最終的に国税滞納処分の例によって徴収されることになります（行政代執行法6条）。

発展❶ 行政代執行による軽微な措置

　行政代執行による軽微な措置は，行政代執行法の定めに従って実施すればよく，費用についても国税滞納処分の例によって徴収することができるというメリットがあります。

　その一方で，行政代執行は慎重な手続を経て実施する必要があるため（☞第2章6(2)参照），迅速な対応が難しいというデメリットがあります。また，所有者が不明の場合，前提となる命令を発することができないため，行政代執行による軽微な措置を実施することはできません。加えて，条例によって法律の定める要件を緩和することはできないことから，行政代執行法の定める代執行の要件（☞p.50【図2-5】参照）についてどのように整理するのかという理論的な課題も指摘されています。

ウ　事務管理の場合

　空き家条例が，軽微な措置を事務管理（民法 697 条）と位置づけている場合，その費用は民法 702 条に基づき本人に償還を請求することができます。ただし，行政上の強制徴収はできないため，相手方が任意に支払わない場合は民事上の強制執行によって回収する必要があります。

歌志内市建築物の適正管理に関する条例

7条2項　市長は，前項の状態にある留守宅等又は空家等に対し，開放されている窓等の閉鎖及び草刈りその他の別に定める軽微な措置をとることにより，地域における良好な景観の保全上の支障を除去し，又は軽減することができる。

　3項　前項の措置の実施により生じた諸費用については，民法……第 702 条に基づき管理者等に償還請求することができる。

発展❷ 事務管理による軽微な措置

　軽微な措置については，民法 697 条の事務管理の要件を満たさないとする見解も有力です。それに加えて，事務管理に基づく軽微な措置にはもう一つの問題があります。

　民法 700 条は，事務管理を開始した者は，原則として，本人等が管理をすることができるようになるまで事務を継続しなければならないと定めており，途中で事務を放棄することはできません。実際にこの条文が問題となることはほとんどないと思われますが，事務管理に基づき軽微な措置を行う際は，この点も考慮する必要があると思われます。

3．他の制度の活用

　空き家対策は，基本的に空家法や空き家条例の枠組みの中で実施されますが，他の制度を活用したほうが，より効果的に対応できることもあります。ここでは，その代表例として，財産管理制度の活用および滞納処分によるアプローチを取り上げます。いずれの方法も，最終的に空き家の所有権を移転させることによって，空き家問題の抜本的な解決を図るものです。

（1）財産管理制度の活用

　本章4で後述するように，空家法や空き家条例に基づく措置についても民事上の財産管理制度と組み合わせて用いられることがありますが，ここでいう財産管理制度の活用は，財産管理制度を活用して空き家問題そのものに対応することを意味します。

コラム❸ 空き家対策における財産管理制度の役割

　空き家対策に財産管理制度を活用したことがある自治体はまだまだ少なく，総務省が実施した「空き家対策に関する実態調査（平成31年1月）」によれば，2017年10月から2019年1月までの期間に，11自治体が延べ15件の実績を有するにとどまります。しかし，その後，筆者の知る限りでも複数の自治体が財産管理制度の活用に積極的に取り組むようになっており，川口市のように制度活用のためのマニュアルを作成する自治体も現れるなど，空き家対策における財産管理制度の役割は今後ますます重要になっていくと思われます。

　財産管理制度とは，財産の所有者や相続人が不明である場合に，家庭裁判所が選任した財産管理人が当事者に代わって財産の保存や処分を行う制度です。所有者の所在が不明である場合の財産管理人を不在者財産管理人，相続人の存否が不明である場合の財産管理人を相続財産管理人と呼び，いずれも利害関係人または検察官の請求により，家庭裁判所が選任します（民法 25 条 1 項，952条 1 項）。不在者財産管理人の職務や権限は，民法 27 条および 28条に定められており，相続財産管理人についてもこれらの条文が準用されるため（民法 953 条），両者の職務や権限はほぼ同じです。

民　法

25条 1 項　従来の住所又は居所を去った者（以下「不在者」という。）がその財産の管理人……を置かなかったときは，家庭裁判所は，利害関係人又は検察官の請求により，その財産の管理について必要な処分を命ずることができる。本人の不在中に管理人の権限が消滅したときも，同様とする。

951条　相続人のあることが明らかでないときは，相続財産は，法人とする。

952条 1 項　前条の場合には，家庭裁判所は，利害関係人又は検察官の請求によって，相続財産の管理人を選任しなければならない。

　以下，相続財産管理人が選任されるケースを題材に，財産管理制度を活用した空き家対策の流れについて，相続人の存否確認⇨相続財産管理人の選任申立て⇨相続財産管理人の選任・管理開始⇨相続財産管理人による権限外許可の申立て⇨空き家の処分等⇨清算・業務終了の順に説明します（p.78【図 3-2】参照）。

【図3-2】財産管理制度を活用した空き家対策の流れ

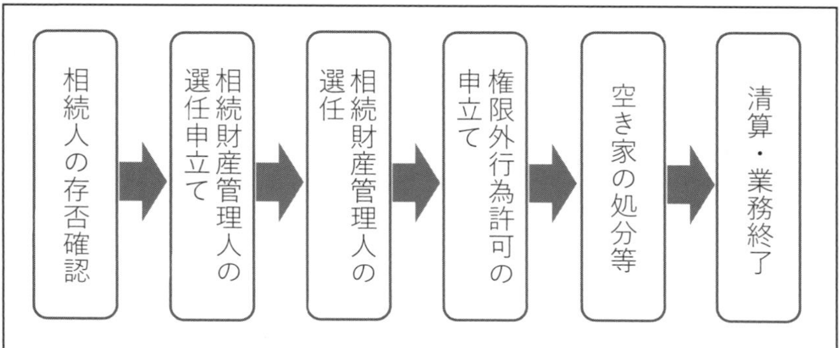

相続人の存否確認　➡　相続財産管理人の選任申立て　➡　相続財産管理人の選任　➡　権限外行為許可の申立て　➡　空き家の処分等　➡　清算・業務終了

（相続財産管理人が選任されるケース）

ア　相続人の存否確認

　空き家について相続財産管理人が選任されるには，①当該空き家の所有者が死亡しており，かつ，②相続人のあることが明らかでないことが要件になります（民法951条）。そこで，まず空き家の登記簿謄本に記載されている所有者の戸籍を公用請求し，上記①②について確認します。

　①については，戸籍によって所有者の死亡が明らかになることが多いですが，所有者が行方不明となっていて生死が明らかでないこともあります。この場合，利害関係人から失踪宣告（民法30条）がなされていれば，行方不明になったときから7年経過した時点で死亡したとみなされ（民法31条），既に死亡しているときと同様に扱われます。なお，失踪宣告がなされていない場合は，不在者財産管理人の選任を申し立てることとなります（選任申立ての手順については，☞後述イ参照）。

　②については，所有者の相続人の戸籍を公用請求し，相続人

がすべて死亡していることが確認できれば「相続人のあること
が明らかでない」といえます。相続人が相続放棄をしている場
合も同じですが，相続放棄の有無は戸籍からはわかりませんの
で，他の方法によって確認する必要があります。

　相続人の協力が得られる場合，相続人から家庭裁判所が発行
した相続放棄申述受理通知書の写しをもらうことや，相続放棄
をした際の事件番号を聞いた上で，家庭裁判所に対して相続放
棄申述受理通知書の発行を求めることで確認することができま
すが，相続人と連絡がとれない場合や協力が得られない場合は，
家庭裁判所に対して相続放棄・限定承認の有無の照会をする必
要があります。この照会は相続人と利害関係人しか申請するこ
とができないため，以前は固定資産税の滞納がある場合などに
限って利用されていましたが，空家法施行後は，同法 10 条 3 項
に基づき，市町村長から家庭裁判所に対して相続放棄・限定承
認の有無を照会することができると考えられています。

イ　相続財産管理人の選任申立て

　相続財産管理人の選任を申し立てることができるのは，利害
関係人または検察官です（民法 952 条 1 項）。

　空家法の施行により，「特定空家」については自治体が自ら利
害関係人として相続財産管理人の選任を申し立てることができ
るようになりました。また，対象となる空き家が「特定空家」
の要件（☞p.29【図 2-3】）を満たさない場合でも，固定資産税の
滞納があるなど特別の利害関係があるときは，自治体が自ら相
続財産管理人の選任を申し立てることができます（固定資産税の

滞納を理由に市が選任を申し立てた事例につき，　⟡第2章6エ参照)。
他方，「特定空家」に該当せず特別の利害関係もないケースで家
庭裁判所が自治体による財産管理人の選任申立てを認めた事例
は，現在のところ存在しないようです。実務的には，空き家に
抵当権をつけている銀行等に利害関係人として選任を申し立て
てもらうことも考えられますが，利害関係人が存在しない場合
は，非訟事件手続法41条に基づいて検察官に通知し，公益の代
表者として選任を申し立ててもらうことになります。

非訟事件手続法

41条　裁判所その他の官庁，検察官又は吏員は，その職務上検察官の
　　　申立てにより非訟事件の裁判をすべき場合が生じたことを知った
　　　ときは，管轄裁判所に対応する検察庁の検察官にその旨を通知し
　　　なければならない。

　ただし，検察官による選任の申立てには，実務上，難しい問
題があります。相続財産管理人の選任を申し立てた者は，相続
財産の価値（空き家の場合は主に敷地の価格）が高く剰余財産
が生じることが確実であるような稀なケースを除き，予納金を
家庭裁判所に納付する必要があります。この予納金の額は数十
万円から 100 万円程度のことが多いようです。検察官が選任申
立てを行う場合は検察庁が予納金を納付することになりますが，
利害関係人が存在するケースでは，本来は利害関係人が負担す
べきものを国庫が負担することになるため，検察官はなかなか
選任申立てに応じてくれないのが実情です。また，利害関係人
が存在しないケースであっても，検察庁からすれば想定外の負

担が生じることになるため，事前に検察庁と予算措置の要否を含めて十分に協議を行い，了承を得ておく必要があります。

　なお，幸いにも検察官の協力を得ることができた場合であっても，検察官は日々の業務で忙しく，また，財産管理制度に関する経験やノウハウを有していることは少ないため，実際には自治体側で事前調査や書類作成を行い，それを用いて検察官が家庭裁判所に選任を申し立てることが多いと考えられます。

　ちなみに，相続財産管理人の選任の申立てに必要な事前調査や書類の作成については，職員がこれを行う自治体と，弁護士や司法書士に委託する自治体とに分かれるようです。筆者の調査によれば，相続関係の調査については外部の司法書士に委託する一方で，申立てに必要な書類の作成は自治体職員が行っているという自治体も存在します。なお，相続財産管理人や不在者財産管理人の選任申立てに必要な書類や記載例については裁判所のウェブサイトに詳しく掲載されており[8]，参考になります。

ウ　相続財産管理人の選任

　選任の申立てがなされたら，家庭裁判所で審理が行われ，必要と判断されれば，家庭裁判所が相続財産管理人を選任します。

　申立てから選任までには１か月から２か月程度を要することが多いですが，実務的には，申立ての際に，あらかじめ承諾を得た上で弁護士や司法書士を候補者として推薦することで，こ

---

[8] 裁判所ウェブサイト（https://www.courts.go.jp/saiban/syurui/syurui_kazi/index.html 2020 年 7 月 1 日閲覧）参照。

の期間を短縮することができます。また，十分な予納金を用意することが難しい場合，その金額で引き受けてもらえるかを含めて事前に候補者の承諾を得ておけば，家庭裁判所が例外的に低額の予納金を設定してくれることがあります。ただし，家庭裁判所はあくまで自らの判断で相続財産管理人を選任するため，候補者を推薦する場合，財産管理制度について実績を有する候補者を推薦する必要があります。そのため，日頃から財産管理制度に詳しい弁護士や司法書士と良好な関係を築いておくことや，家庭裁判所の信頼を得ておくことが実務上重要になります。

コラム❾ 財産管理人との連携・協力

　財産管理制度を活用した空き家対策を円滑に進めるには，自治体の問題意識を財産管理人と共有することが重要です。そのため，財産管理制度に詳しい弁護士や司法書士と良好な関係を築いておき，選任申立ての際に候補者として推薦することで，空き家問題の解消に積極的に取り組んでくれる財産管理人が選任されるよう努めるとともに，選任後も，個々の具体的な事案について財産管理人に丁寧に説明し，自治体としての問題意識を理解してもらう必要があります。

　また，その後も空き家問題の解消に至るまでには，処分方針の決定や権限外行為許可の申立て，業者の選定等，様々な手続があります。これらについても財産管理人に任せきりにするのではなく，必要に応じて情報提供や書類作成を行うなど最終的な問題解決に向けて連携・協力することが，迅速な解決や信頼関係の構築のために重要です（☞本文オも参照）。

エ　権限外行為許可の申立て

　相続財産管理人が空き家の売却などの民事上の処分行為を行うには，家庭裁判所に対して権限外行為許可の申立てをする必要があります（民法953条・28条・103条）。なお，建物の取壊しや修繕のような事実行為が民事上の処分行為に該当するか否かは個々の事案によって異なりますが，一般に，建物の取壊しや大規模な修繕は民事上の処分行為に該当すると考えられます。

民法

28条　管理人は，第103条に規定する権限を超える行為を必要とするときは，家庭裁判所の許可を得て，その行為をすることができる。…（以下略）…。

103条　権限の定めのない代理人は，次に掲げる行為のみをする権限を有する。
　一　保存行為
　二　代理の目的である物又は権利の性質を変えない範囲内において，その利用又は改良を目的とする行為

953条　第27条から第29条までの規定は，……相続財産の管理人……について準用する。

　権限外行為許可の申立てを受けた家庭裁判所は，審査の上，適当であると判断すれば，審判によって権限外行為の許可をします。これにより，相続財産管理人は，相続財産について民事上の処分行為をすることが可能となりますが，許可された行為に限られるため，権限外行為許可の申立てにあたっては，あらかじめ処分方針について十分に検討しておく必要があります。

オ　空き家の処分等（民事上の処分行為）

　許可を受けた相続財産管理人は，権限外行為許可の範囲内で，空き家について処分等（民事上の処分行為）を行います。

　典型的なものとしては，①建物について必要な修繕工事をした上で，空き家（建物および敷地）を売却するケースや，②建物を取り壊して更地にした上で，土地を売却するケース，③建物の修繕や取壊しなどに必要な費用を差し引いた価格で空き家を売却するケースがあります。いずれのケースも，売却価格が管理・処分に要した費用と財産管理人の報酬の合計を上回れば，予納金全額を回収することができますが，売却価格がこれらの合計を下回った場合は，その差額は予納金から充当されます。売却価格によっては，予納金全額が費用や報酬に充当されてしまうことも少なくありません。

　また，建物と敷地の所有者が異なる場合，上記②の方法をとることができないため，建物の除却が必要であるときは，選任申立ての段階で，相続財産管理人の報酬と建物の取壊し費用とを合わせた額の予納金を納付する必要があります。ただし，このようなケースでは財産管理制度を活用するメリット（☞p.86　発展❸参照）は少なく，空家法に基づく代執行も可能であることが多いと考えられるため，実際にこのようなケースで財産管理制度が用いられることは少ないと思われます。

　なお，空き家問題への対応としては軽微な修繕で足りる場合，このような保存行為については家庭裁判所の許可は不要ですが，何らかの形で空き家（特に敷地）の所有権を移転するまでは相続財産管理人の業務が終了しないため，最終的には権限外行為

許可を得て空き家の売却や譲渡をする必要があります。このような場合，保存行為によって空き家問題が解消したからといって直ちに連携・協力関係を解消するのではなく，財産管理人の業務完了まで引き続き関係を継続することが，信頼関係を構築する上で重要です（⤴p.82 コラム❾も参照）。

カ　清算・業務終了

　空き家の処分等が終われば，相続財産管理人は，被相続人の債権者等に対し債務を弁済するなどして清算を行います。その後，必要に応じて相続人の捜索の公告（民法 958 条）や特別縁故者に対する相続財産の分与（同法 958 条の 3 ）を行った上で，家庭裁判所に報酬付与の申立てを行い，最後に残余財産を国庫に帰属させれば，相続財産管理人の業務が終了します。

　なお，土地が高値で売却されたり，空き家の中から現金や有価物が発見されたりして，相続財産の管理・処分や債務の弁済に要した金額を差し引いても剰余が生じた場合，相続財産管理人の報酬はそこから支払われ（民法 953 条・29 条 2 項参照)，その額に応じて予納金は返戻されます。

民法

29条 2 項　家庭裁判所は，管理人と不在者との関係その他の事情により，不在者の財産の中から，相当な報酬を管理人に与えることができる。

953条　第27条から第29条までの規定は，……相続財産の管理人……について準用する。

発展❸ 財産管理制度を活用した空き家対策

　財産管理制度を活用するメリットとして，跡地問題が生じないことが挙げられます。空家法に基づく代執行によって建物を除却しても，しばらくすれば草木が生い茂ったりごみが不法投棄されたりして問題が再発することがあるため，問題を抜本的に解消するには，代執行費用等を債権として土地を公売（または競売）し，新たな所有者に管理してもらう必要があります。

　これに対し，財産管理制度を活用した場合，財産管理人によって適切に管理され，最終的には売却等によって所有権が移転することが想定されています。このことは土地の適正利用の観点からも望ましく，その後の固定資産税収入にもつながります。また，空き家内の残置物についても，家庭裁判所の権限外行為許可を得て一括して処分することが可能であり，実際に，残置物の除却費用を差し引いた価格で空き家を売却するなどの処理が行われています。このように，財産管理制度を上手く活用することは，自治体にとって大きなメリットがあります。

　他方，空き家の市場価値がゼロに近いような場合，建物の除却等の費用に加えて財産管理人の報酬も自治体が負担することになります。また，財産管理人の業務が終了するまでには長期間を要することも少なくないため，選任申立ての際に候補者の事前承諾を得るにあたっては，終了時期の見込みについて丁寧に説明する必要があります。空き家対策に財産管理制度を利用するかどうかを検討するにあたっては，これらのデメリットについても十分に考慮した上で判断する必要があります。

（2）滞納処分によるアプローチ

　滞納処分は，税の滞納がある場合に，納税義務者の財産を差し押さえて換価し，強制的に徴収する手続です。

　空き家の所有者が高齢のため介護施設に入所しているケースや，相続人が必要な手続を怠っているケースのように，様々な理由から空き家の固定資産税が滞納されていることは少なくありません。この場合，自治体は，地方税法に基づく滞納処分として空き家について差押えを行い，最終的に公売にかけることができます。その結果，新たな所有者が空き家を修繕したり，古い建物を取り壊して新しい建物を建築したりすれば，自治体が空家法に基づく措置をとるまでもなく，空き家問題は解消することになります。

　このように，滞納処分は，財産の保全を目的とする財産管理制度とは本質的に異なるものの，空き家対策の観点からは，最終的に敷地を含めて売却されるという点で共通しています。また，民事上の財産管理制度と異なり，滞納処分については自治体内部に一定の経験やノウハウが蓄積されていることが多いため，税務部門等の関係部署と連携することによって，比較的スムーズに実施することができます。そのため，自治体の空き家対策の実務においては，財産管理制度の活用と同様に，滞納処分によるアプローチも検討する必要があります。

　以下，滞納処分によるアプローチの流れについて，固定資産税の滞納のケースを題材に，簡潔に紹介します。なお，自治体における債権管理の実務については，「自治体の実務」シリーズの別の号において取り上げる予定ですので，そちらをご参照ください。

ア　督促状の送付・財産の差押え

地方税法 371 条 1 項は，納期限までに固定資産税が完納され
ないときは，原則として 20 日以内に督促状を発しなければなら
ないと定めています。督促状の名宛人は納税義務者である空き
家の所有者ですが，所有者の所在が不明である場合，地方税法
20 条の 2 に基づく公示送達をするか，不在者財産管理人に送付
します。また，所有者が死亡している場合，相続人が存在すれ
ば相続人に，存在しなければ（すべての相続人が相続放棄をし
ている場合を含みます。以下同じ。）相続財産管理人に送付しま
す。いずれの場合も，財産管理人が選任されていなければ，家
庭裁判所に対し選任の申立てする必要があります。

地方税法

371条1項　納税者が納期限までに固定資産税に係る地方団体の徴収金
　　を完納しない場合においては，市町村の徴税吏員は，納期限後20
　　日以内に，督促状を発しなければならない。…（以下略）…。

イ　財産の差押え

督促を受けた空き家の所有者が，督促状の送付から 10 日を経
過しても納付しない場合，市町村の職員は，納税者の財産を差
し押さえなければなりません（地方税法 373 条 1 項 1 号）。ただ
し，実際には，差押えに先立ち財産調査を行う必要があります
し，あらためて催告をする運用がとられていることも多いため，
催告状の送付から 10 日が経過すれば直ちに財産が差し押さえら
れるわけではありません。

地方税法

373条1項　固定資産税に係る滞納者が次の各号の一に該当するとき
　　は，市町村の徴税吏員は，当該固定資産税に係る地方団体の徴収
　　金につき，滞納者の財産を差し押えなければならない。
　一　滞納者が督促を受け，その督促状を発した日から起算して 10
　　日を経過した日までにその督促に係る固定資産税に係る地方団
　　体の徴収金を完納しないとき。
　二　（略）

ウ　換価・徴収

　財産を差し押さえた後も納付がされない場合，差し押さえた
財産を換価し，そこから固定資産税や延滞金，手数料等を徴収
します。差し押さえた財産が不動産の場合，原則として公売に
よって換価され（地方税法 373 条 7 項・国税徴収法 89 条 1 項・
同法 94 条），その代金から優先順位に応じて固定資産税等に充
当されます。ただし，空き家の場合，敷地である土地の価格か
ら建物の除却や残置物の撤去に要する費用を差し引いた価格で
落札されると想定されるため，実際には滞納分をすべて徴収す
ることができないケースも多いと考えられます。

　とはいえ，空き家対策の観点からは，新たな所有者によって
適切な措置や管理がなされることが期待できることから，空き
家を公売にかけることには大きな意味があります（その他のメリッ
トについては，👉p.90 発展❹を参照）。ただし，空き家の市場価
値が低く売却ができないようなケースでは，この方法を用いる
ことはできないため，注意が必要です。

発展❹　滞納処分によるアプローチ

　滞納処分によるアプローチは，措置に要する費用が自治体の負担となるおそれがなく，費用回収のための手続をとる必要もありません。また，跡地問題（☞p.86 発展❸参照）が生じるおそれが小さいことや，財産管理制度を利用する場合と比べ，財産管理人の報酬を負担する必要がないこと，最終的な解決に至るまでの期間が比較的短いことも，メリットとして挙げられます。そのほか，滞納処分には，所有者に対し空き家問題を「自分ごと化」させる効果が見込まれるため，相続人が空き家を放置しているようなケースでは，所有者である相続人に自主的な対応を促すきっかけにもなると考えられます。

　他方，滞納処分は，滞納されている税金等の徴収が本来の目的であることから，注意しなければならない点があります。まず，当然ですが，所有者に税金等の滞納がなければ，この方法を用いることはできません。空き家については固定資産税の課税保留がなされているケースもあるため，留意が必要です。また，滞納がある場合でも，空き家に関する滞納は比較的小口であることが多く，徴収業務としての優先度は低い上，不動産の換価は債権の取立てと比べて手間がかかることから，実際に滞納処分として空き家を公売にかけるには，課税部門の担当者の理解を得ることが不可欠です。そのほかにも，空き家の固定資産税については住宅用地特例の問題もあるため，空き家問題の担当者としては，日頃から税務部門との連携を図り理解を得ることが実務上重要となります（☞p.42 コラム❺参照）。

４．複数手法の組み合わせ

　これまで，空家法に基づく措置（☞第２章）や，空き家条例による対応（☞本章１，２），他の制度の活用（☞本章３）を紹介しましたが，これらは択一的に用いられるものではなく，実務上は，行政指導を含む様々な手法を状況に応じて柔軟に用いることで空き家問題に対応する必要があります（所有者の確認段階における行政指導によって解決した事例につき，☞p.25 Case Study❶参照）。

　特に，空き家の所有者の所在や生死が不明であるケースや，相続人の存在が明らかでないケースでは，民事上の財産管理制度と組み合わせて用いられることが少なくありません。以下，(1)行政代執行と財産管理制度，(2)略式代執行と財産管理制度，(3)緊急安全措置と財産管理制度，(4)滞納処分と財産管理制度の順に，空き家対策における複数の手法の組み合わせについて紹介します。

（1）行政代執行と財産管理制度の組み合わせ

　空家法14条9項に基づく行政代執行が可能な場合であっても，空き家の所有者が既に死亡しており，かつ，相続人が存在しない場合，行政代執行の前提となる各種の手続の名宛人が存在しないため，そのままでは行政代執行を実施することはできません。この場合，空家法14条10項に基づく略式代執行（☞第２章8参照）をすることが可能ですが，略式代執行の費用については行政上の強制徴収によって回収することができないため，事案によっては，相続財産管理人の選任を申し立てた上で行政代執行を行ったほうがよいケースもあります。

　空き家について相続財産管理人が選任されれば，同人を名宛人として助言・指導や勧告，命令，戒告書および代執行令書の交付を行った上で（☞第2章4〜7参照），行政代執行を実施することが可能です。また，代執行に要した費用についても，相続財産管理人を名宛人として行政上の強制徴収をすることが可能です。

　ただし，本章3(1)で紹介したように，相続財産管理人が家庭裁判所の権限外行為許可を得て空き家を任意売却することができれば，代執行をするまでもなく問題が解決することから，この組み合わせが用いられるのは，建物の老朽化が激しく，取り壊して更地にしてからでないと買い手がつかないようなケースが想定されます。実際に，財産管理人の選任手続を経た上で行政代執行を行い，代執行費用を行政上の強制徴収により回収した事例もあります。個々の事案においてどのような方法を用いるかについては，各自治体がケース・バイ・ケースで判断する必要があります。

（2）略式代執行と財産管理制度の組み合わせ

　空家法14条10項の略式代執行と財産管理制度を組み合わせることも考えられます。この組み合わせが用いられるのは，不在者財産管理人の選任手続を行う時間的余裕がないために略式代執行によって空き家の除却を行い，事後的に略式代執行費用を債権として不在者財産管理人の選任を申し立て，費用回収を図るようなケースが考えられます（☞p.93 Case Study❺）。また，略式代執行を行った段階では所有者の生死が不明であり，後から所有者の死亡が判明しため相続財産管理人の選任を申し立てるケースにおいても，結果としてこの組み合わせが用いられることになります。

Case Study❺ 財産管理制度を用いて代執行費用を回収した事例

　略式代執行後に財産管理制度を用いて代執行に要した費用を回収した香取市の事例について紹介します。

　この事例では，老朽化して倒壊のおそれのある空き家の所有者が海外に転出していて居所が把握できなかったため，市は略式代執行により建物を除却しました。除却に要した費用（業者への委託費約 119 万円）はいったん市が負担しましたが，市は不在者財産管理人の選任を申し立て（予納金 100 万円），不在者財産管理人に上記の除却費用を請求しました。その後，不在者財産管理人によって空き家の敷地等が売却され，その代金から略式代執行に要した費用の全額と選任申立ての際に支払った予納金 100 万円を回収することができました。

　なお，敷地内には別の建物が存在しましたが，新たな所有者によって取り壊されて新しい建物が建てられ，空き家問題の解消だけでなく土地の有効活用も実現したということです。

（3）緊急安全措置と財産管理制度の組み合わせ

　緊急安全措置（☞本章１）を行った後，財産管理人の選任を申し立て，措置に要した費用を回収するという組み合わせも考えられます。この組み合わせが用いられるのは，緊急に対応する必要があり，略式代執行に必要な公告手続を経る時間的余裕すらないようなケースです。ただし，条例が緊急安全措置を所有者等の同意を得て行うことと定めている場合（☞p.65 参照），このような手法をとることはできません。また，緊急安全措置が即時強制とし

て行われる場合，条例に明文の根拠がなければ，措置に要した費用を所有者等の負担とすることはできません（☞本章1(2)参照）。なお，実務的には，条例に定めがある場合であっても，それを根拠に利害関係人として財産管理人の選任申立てができるか，事前に家庭裁判所と協議して確認しておいたほうがよいと思われます。

発展❺　財産管理制度を利用した費用回収

　空き家の市場価値が低い場合，費用回収のために財産管理制度を利用することにより，かえって自治体の負担が増えることも想定されます。実際に，略式代執行により建物を除却した後，財産管理制度を利用して土地を売却したものの，清算の結果，代執行の費用を回収するどころか，財産管理人の報酬すら支払うことができず，予納金が返戻されなかったという事例も存在します。このようなケースでは，財産管理人の選任を申し立てずに当初から自治体が措置費用を負担したほうが，トータルの負担は小さくなります。

　他方，自治体が措置費用を負担した場合，本来の義務者である空き家の所有者が不当な利益を得ることになりかねませんし，また，その後に再び緊急安全措置が必要になることも考えられるため，自治体が報酬を負担してでも財産管理人を選任して空き家を売却または譲渡すべきという考え方も十分に成り立ちます。費用回収のために財産管理制度を用いるかどうかについても，様々な点を考慮した上で，ケース・バイ・ケースで判断する必要があります。

（4）滞納処分と財産管理制度の組み合わせ

　滞納処分によるアプローチ（☞本章３(2)）についても，空き家の所有者が不明である場合には，財産管理人の選任を申し立てた上で手続を行う必要があります。この組み合わせは，自治体が自ら建物の除却などの措置を講じる必要がなく，最終的に所有権の移転による抜本的な解決が期待できることから（☞本章３参照），自治体が費用を負担しなければならない可能性のある代執行や緊急安全措置と比べてメリットが大きく，空き家の所有者が不明である場合，まず最初にこの方法を用いることを検討するという自治体も存在します。ただし，これまでに述べたように，空き家の市場価値が低くそのままでは売却ができないようなケースでは，この組み合わせを用いることはできません。

コラム❿ 空き家対策の今後

　空家法の制定当時は，空き家の危険性や周辺への悪影響を除去することに主たる関心が寄せられ，措置に要する費用を誰が負担するのかについては，さほど注目されていなかったように思われます。しかし，実際に各地で空家法に基づく代執行が実施されるにつれ，費用負担の問題が自治体にとって重要な課題であることが認識されるようになりました。

　本章で紹介した各手法は，各自治体の空き家対策の現場において，担当職員が工夫を重ねて実践しているものです。このように，空き家対策の実務は日々進化しています。今後も，現場での取組みの中で，理論との調和を意識しつつ，実務をさらに発展させていくことが重要だと思います。

主要参考文献一覧

板橋区都市整備部建築指導課編『こうすればできる 所有者不明空家の行政代執行 ―現場担当者の経験に学ぶ―』（第一法規，2019）

北村喜宣『空き家問題解決のための政策法務 ―法施行後の現状と対策―』（第一法規，2018）

北村喜宣「市町村が進化させる空き家対策法制 ―条例による空家法の地域最適化対応―」国際文化研修92号（2016）9-12頁

北村喜宣「略式代執行の費用徴収 ―空家法を素材にして―」鈴木庸夫先生古希記念『自治体政策法務の理論と課題別実践』（第一法規，2017）293-307頁

北村喜宣「2年を経過した空家法実施の定点観測 ―『空き家対策に関する実態調査結果報告書』を読む―」自治総研488号（2019）33-58頁

北村喜宣＝米山秀隆＝岡田博史編『空き家対策の実務』（有斐閣，2016）

釼持麻衣「特定空家等に対する行政代執行と費用回収」都市とガバナンス30号（2018）164-174頁

国土交通省・総務省調査『空家等対策の推進に関する特別措置法の施行状況等について（令和元年10月1日時点)』（国土交通省，2019年）

自由民主党空き家対策推進議員連盟編『空家等対策特別措置法の解説』（大成出版，2015）

総務省行政評価局『空き家対策に関する実態調査結果報告書（平成31年1月)』（総務省行政評価局，2019年）

高崎経済大学地域科学研究所編『空き家問題の背景と対策 未利用不動産の有効活用』（日本経済評論社，2019）

宮﨑伸光編『自治体の「困った空き家」対策 ―解決への道しるべ―』（学陽書房，2016）

「現場性のない法理論」と「法理論のない現場」の克服

　一般に，行政法学を含む法律学では，法原理や法原則を具体化したルールが法律や条例に表現され，個別の課題に対する解決策もこうした原理・原則から導かれると考えられています。このことは行政法学においても同様であり，例えば，産廃施設の許可要件についても，営業の自由には公共の福祉という内在的制約が働くことから，業者に対して厳しい要件を課す法制度を導き出すことができるといった議論です。

　しかし，こうした議論から，果たして実態に即した制度や運用を導き出すことが可能でしょうか。というのも，営業の自由や公共の福祉とは何かという抽象的な議論を繰り返してみても，産廃行政を規律する具体的な法制度を導くことはできませんし，個々の執行現場において行政職員がとるべき行動を詳細に見出すこともできません。

　もちろん自治体の現場においても，行政法の原理・原則は非常に重要です。しかし，原理・原則は，行政活動の法的な「評価」あるいは「評価のために考慮すべき事項」であって，政策の実現に向けた法制度や執行上の具体的な運用を直接に提供するものではありません。ところが，従来の公法学においては，原理・原則から法制度や運用を導こうとする「トップダウン」志向が主流となっていました。これでは，現実に即した制度設計や執行方法を選択することは困難でしょう。

本シリーズは，こうした現状に鑑み，まずは法律や条例が自治体の現場においてどのように作用し，機能しているかという「ボトムアップ」志向により，どのような制度設計や執行方法の選択をすべきかという政策法務上の課題に答えようとするものです。

　本シリーズの特徴は，政策法務の目的や意図が自治体の現場においてどのように実現されているかを確認する点にあります。これにより，法制度の不備を明らかにするとともに，それに現場がどのように対処しているかを確認・分析することで，今後の検討課題が浮き彫りにされることになります。

　以上のように，本シリーズは自治体における実務の各論に焦点をあて，ボトムアップ志向によって，「現場性のない法理論」と「法理論のない現場」の双方を克服し，今後の法制度や運用の在り方を個々の政策法務上の課題の実態に即して検討するために企画されました。また，同時に，政策と法との関係や，政策実現のための運用の在り方といった政策法務上の基本的課題を議論するための素材が提供されると考えています。

　本シリーズがこうした課題意識をもって企画されたものであることを多くの読者に訴えたいと思います。

　なお，本書の政策法務論の構築に際して，原田大樹教授の「政策の基準」大橋洋一編『政策実施』（ミネルヴァ書房，2010）77-98頁から多大な影響を受けました。記して謝意を表します。

　2020年7月

　　　　　　　　　　　　　　　　　　　　鈴木　庸夫

<著者紹介>

鈴木 庸夫　（すずき つねお）　　**【全体監修】**

　千葉大学名誉教授・弁護士。専門は行政法。千葉大学教授，明治学院大学教授を経て，2016年に弁護士登録（千葉県弁護士会）。千葉県政策法務アドバイザーをはじめ多くの自治体において政策法務アドバイザーを歴任。

田中 良弘　（たなか よしひろ）　　**【第1章，第2章・第3章(監修/図表)】**

　新潟大学法学部教授・弁護士。博士（法学）。専門は行政法・環境法。検事，一橋大学特任准教授，新潟大学准教授等を経て，2020年より現職。

榎本 好二　（えのもと こうじ）　　**【第2章・第3章(文)】**

　相模原市 市長公室総合政策部政策課長。ちば自治体法務研究会，かながわ政策法務研究会会員。

信山社ブックレット

自治体の実務 1
空き家対策

2020（令和2）年9月25日　第1版第1刷発行

Ⓒ著　者　鈴木庸夫・田中良弘
発行者　今井　貴・稲葉文子
発行所　株式会社 信　山　社

〒113-0033　東京都文京区本郷 6-2-9-102
Tel 03-3818-1019　Fax 03-3818-0344
笠間才木支店　〒309-1611　茨城県笠間市笠間 515-3
Tel 0296-71-9081　Fax 0296-71-9082
笠間来栖支店　〒309-1625　茨城県笠間市来栖 2345-1
Tel 0296-71-0215　Fax 0296-72-5410
出版契約 No.2020-8161-01011

Printed in Japan, 2020　印刷・製本 亜細亜印刷／渋谷文泉閣
ISBN978-4-7972-8161-3 C3332 ¥1000E 分類 323.900
p.106　8161-01011：012-015-005

◆ 信山社ブックレット ◆

女性の参画が政治を変える
辻村みよ子・三浦まり・糠塚康江 編著

ど〜する海洋プラスチック（改訂増補第2版）
西尾 哲茂 著

＜災害と法＞ ど〜する防災【土砂災害編】
村中 洋介 著

＜災害と法＞ ど〜する防災【風害編】
村中 洋介 著

＜災害と法＞ ど〜する防災【地震・津波編】
村中 洋介 著

＜災害と法＞ ど〜する防災【水害編】
村中 洋介 著

たばこは悪者か？
村中 洋介 著

求められる改正民法の教え方
加賀山 茂 著

求められる法教育とは何か
加賀山 茂 著

医療と法の新理論
遠藤 直哉 編著

新弁護士業務論
遠藤 直哉 編著

新しい法科大学院改革案
遠藤 直哉 著

新弁護士懲戒論
遠藤 直哉 著

核軍縮は可能か
黒澤 満 著

検証可能な朝鮮半島非核化は実現できるか
一政 祐行 著

国連って誰のことですか
岩谷 暢子 著

信山社